KB263193

필요할 때 꺼내 쓰는

# 최소한의 철학지식

글 김형철

가나

　　『최소한의 철학지식』은 마치 멈춰 있는 사유의 호수에 잔물결을 일으키는 조약돌과 같다. 사유의 길을 이제 막 열어 가려는 이에게는 이정표가 되고, 이미 그 길을 걷고 있는 이에게는 동반자가 된다. 칸트의 말인 "철학이 아니라 철학함을 배우라."를 오늘의 언어로 되살렸다. 난해한 개념을 장황하게 늘어놓는 책이 아니라, 철학을 사유하는 법을 알려 준다. 친절한 서술로 문턱은 낮추되, 깊이는 잃지 않았다. 일상에서 떠오르는 질문에 대한 철학자의 대답과 함께 사유의 길을 걷게 한다. 이는 철학이 멀리 있는 교양이 아니라 우리의 일상과 맞닿아 있음을 체감하게 한다. 다양한 목소리를 한자리로 초대하는 책. 독자가 자신의 목소리를 찾게 하는 책. 우리가 잃어버린 것은 교양이 아니라 묻기의 시간이었음을, 그리고 그 시간을 회복하는 일이 오늘의 삶에서 가장 실천적인 기예임을 책을 읽고 나면 알게 될 것이다.

김종길국어논술학원 원장
**김 용 권**

철학이 진지하고 무겁다는 고정관념을 깨뜨리는 데 탁월한 김형철 교수님이 한 번 더 학생들의 고정관념을 깨기 위해 나섰다. 철학이라는 과목은 존재하지만, 실제 학교 수업은 잘 열리지 않는 게 현실이다. 『최소한의 철학지식』은 이런 현실에서 만날 수 있는 철학 교과서 같은 책이다. 일상의 사소한 경험을 철학적 질문으로 바꾸어 보여 줌으로써, 생각하는 즐거움이 왜 삶을 더 깊고 풍부하게 만드는지 자연스럽게 느끼게 한다. 교수님은 항상 철학은 답이 아니라 질문을 던지는 학문이어야 한다고 말씀하셨다. 이 책은 우리가 일상에서 종종 떠올려 보는 사소한, 그래서 쉽게 답할 수 있을 것 같았던 질문들이 사실은 깊은 고민과 통찰을 필요로 한다는 점을 보여 준다. 이 책은 그 깊은 고민과 통찰을 김형철 교수님 특유의 가볍고 따뜻한 문장으로 풀어냄으로써 독자에게 '철학함'이 무엇인지 깨닫는 경험을 제공한다.

서울대학교 윤리교육과 강사

**이경근**

# 질문에서 시작되는 철학

"철학을 꼭 배워야 할까요?" 어느 날 수업 시간에 한 학생이 물었어요. 시험에 나오지도 않고, 인생에 당장 큰 도움이 되는 것 같지도 않은데 왜 철학을 배워야 하냐고요. 저는 반대로 학생들에게 요즘 고민이 있냐고 물었죠. 얼굴에 난 뾰루지가 고민이라는 친구, 공부가 너무 어렵다는 친구, 하고 싶은 게 없다는 친구까지 고민이 없는 학생은 단 한 명도 없었어요. 저는 이렇게 대답했죠. "그게 바로 철학이야." 철학은 어렵고 거창한 이론에서 시작되지 않았어요. '나는 왜 이럴까?', '어떻게 살아야 할까?' 같은 질문들에서 시작됐죠. 역사 속 철학자들은 이 질문들을 스스로 고민하고 부딪히면서 자신만의 생각과 방향을 만들어 냈죠.

여러분의 고민은 절대 가볍지 않아요. 그 고민 속에 철학이 숨 쉬고 있어요. 지금 품고 있는 고민이 바로 철학의 시작인 거죠. 비트겐슈타인이 말했듯, 철학의 목적은 문제를 해결하는 것이 아니라 해소하는 것이에요. 문제가 사라지는 것이 아니라 문제를 바라보는 우리의 시각이 바뀌면서 그 무게가 달라지는 것이죠. 이 책이 바로 그런 시각 전환의 시작이 돼 줄 거예요.

철학자의 말은 단순히 멋있는 말이 아니에요. 우리보다 먼저 길을 고민하고 탐구한 사람들이 남긴 '나침반'과 같아요. 길을 잃었을 때 그들의 말이 가리키는 방향으로 가다 보면, 그 말이 나만의 생각이 되고, 나만의 길이 되는 거예요.『최소한의 철학지식』을 그런 '나침반'이라고 생각해 주면 좋겠어요. 이 책이 여러분의 따뜻한 동반자로 항상 곁에 있어 줄 거예요. 나아가야 할 방향을 몰라도, 길을 잃어도 괜찮아요. 질문을 따라 걷다 보면, 스스로 자신만의 길을 만들어 가고 있을 테니까요.

『최소한의 철학지식』이 세상에 나오기 위해 많은 도움이 필요했어요. 먼저, 저와 독자를 연결해 주는, 보이지 않는 다리를 놓아 주신 가나출판사에 진심으로 고마움을 전하고 싶어요. 그리고 나의 제자이자 동료인 김용권, 이경근에게도 특별한 감사 인사를 보내요.

2025년 겨울
김형철

**차례**

추천사 ··· 4
프롤로그 ··· 6


( **1장** )　　침대 위에서: **나와 관련된 생각 꺼내기**

1. 혼자 있으면 좋은데, 왜 가끔은 외로울까? ··· 13
2. 나는 그대로인데, 왜 사람마다 다르게 볼까? ··· 19
3. 갓생을 살려면 꼭 일찍 일어나야 할까? ··· 25
4. 기분 좋은 하루와 행복한 하루는 다른 걸까? ··· 31
5. 흑역사는 왜 자꾸 떠오를까? ··· 36


( **2장** )　　거울 앞에서: **타인의 시선에서 벗어나기**

1. 사람들은 왜 외모만 보고 사람을 판단할까? ··· 45
2. 왜 혼자 보는 일기장에도 거짓말을 쓸까? ··· 52
3. 화가 나면 참아야 할까? ··· 58
4. 나쁜 행동을 하면 왜 마음이 불편할까? ··· 64
5. 왜 잘되라고 하는 소리도 잔소리처럼 들릴까? ··· 69


( **3장** )　　학교 안에서: **익숙한 일상에 질문하기**

1. 연애와 공부, 둘 다 잘할 순 없을까? ··· 77
2. 쓰지도 않을 수학 공식을 왜 배워야 할까? ··· 83
3. 시험으로 사람을 판단하는 게 맞을까? ··· 87
4. 혼자가 더 편한데, 조별과제를 왜 해야 할까? ··· 92
5. 학교 규칙은 학생들의 자유를 빼앗는 거 아닐까? ··· 97

**4장**　책상 앞에서: **미래에 한 걸음 다가가기**

1. 내 생각이 진짜 내 생각일까? … 105
2. 노력하면 다 이룰 수 있을까? … 111
3. 어차피 돈이 가장 중요한 거 아닐까? … 116
4. 내 인생은 이미 정해져 있는 걸까? … 122
5. 인공지능이 해 준 과제도 결국 내가 한 거 아닐까? … 128

**5장**　카페 안에서: **관계를 새롭게 마주하기**

1. 진짜 친구란 무슨 의미일까? … 137
2. 왜 가족보다 친구가 편할까? … 143
3. 꼭 친구가 많아야 할까? … 148
4. 다른 사람에게 기대는 게 왜 어려울까? … 153
5. 왜 뒷담화를 멈추지 못할까? … 158

**6장**　버스 안에서: **세상을 낯설게 보기**

1. 증명하지 못하면 외계인은 없는 걸까? … 165
2. 신은 존재할까? … 171
3. 다수를 위한 소수의 희생은 당연한 걸까? … 177
4. 죽음을 두려워하지 않는 사람도 있을까? … 182
5. 기술이 발전하면 인간도 더 똑똑해질까? … 187

침대 위에서:

# 나와
# 관련된
# 생각
# 꺼내기

# 1.
# 혼자 있으면 좋은데,
# 왜 가끔은 외로울까?

혼자만의 공간과 시간이 주는 편안함이 좋으면서도, 어느 순간엔 그 고요함이 왠지 쓸쓸하게 느껴지는 경험. 아마 대부분 한 번쯤 겪어 봤을 거예요. '혼자 있으면 좋지만 외롭다.'라는 모순적인 감정은 왜 드는 걸까요?

"친구들이랑 어울리는 건 좋은데 가끔은 혼자만의 시간을 가지고 싶어요."

"밖에서 에너지를 많이 썼는데 집에 와서 가족들에게 또 에너지를 쓰기 힘들어요."

"가끔은 혼자서 영화를 보고 싶어요."

혼자 있고 싶은 이유는 각자 다르지만, "내 마음을 잠시 쉬게 하거나 돌보고 싶다."라는 공통점이 있죠. 고독은 누구에게나 필요한 감정이에요. 스스로 선택한 고요함은 나를 돌아보게 만들죠. 하지만 모든 고독이 긍정적이진 않아요. 원치 않은 단절은 외로움을 유발하죠. 이에 대해 고대 그리스의 철학자 아리스토텔레스는 다음과 같이 말했어요.

아리스토텔레스
Aristoteles **인간은 본성적으로 사회적 동물이다.**

아리스토텔레스의 말에서 우리가 느끼는 복합적인 감정의 이유를 찾을 수 있어요. 사람은 태어날 때부터 다른 사람과 관계를 맺고 교류하며 살도록 설계되어 있어요. 우리가 공통된 언어를 사용하고, 타인과 관계를 맺고, 사회와 연결되어야 하는 이유도 본성에서 비롯된 것이죠. 인간은 혼자 있는 시간을 통해 자신을 돌아보며 성장하지만, 기본적으로 관계와 공감을 통해 안정감을 얻는 존재예요. 그럼 우리는 혼자 있는 시간의 만족감을 내려놓고 다른 사람과 어울려야 할까요? 프랑스의 철학자 블레즈 파스칼은 이렇게 말했어요.

블레즈 파스칼
Blaise Pascal

**인간의 모든 불행은 혼자 조용히
방에 머물러 있지 못하는 데서 비롯된다.**

혼자만의 시간을 충분히 보내는 것도 중요해요. '개인적인 고독' 자체는 우리의 마음을 정돈하는 데 큰 도움이 되거든요. 문제는 그 고독이 너무 깊어져서 '고립' 상태에 가까워질 때 생겨요. 오랜 시간 혼자 있으면 내가 나에게 "이제 너무 혼자 있지 말고 나가서 누군가와 만나!"라고 신호를 보내요. 그럼 이제 외로움을 느끼는 거죠. 외로워져서 친구를 불러 밖으로 나가려고 하지만, 막상 전화할 사람이 아무도 없다면 그게 고립인 거예요. 그렇다면 고독을 잘 누리면서도 외로움에 빠지지 않으려면 어떻게 해야 할까요?

답은 사람마다 다릅니다. 스위스의 심리학자 칼 구스타프 융은 인간의 성격을 두 가지로 나누었어요. 관심과 에너지가 외부로 향하는 '외향형'과 내부로 향하는 '내향형'이죠. 여러분은 MBTI 테스트를 해 보셨나요? MBTI 테스트의 E와 I가 융이 말한 외향형, 내향형과 비슷해요. 외향형은 사람들과 어울리며 에너지를 얻고, 내향형은 혼자 있는 시간을 통해 에너지를 충전하죠. 외향형보다는 내향형이 혼자만의 시간이 많이 필요하겠죠. 사람마다 정도의 차이는 있지만 본인이 외향형인지, 내향형인지 파악하는 것만으로도 도움이 될 거예요. 저는 E(외향)가 51, I(내향)가 49로 거의 비슷한 비율로 나와요. 어떤 날에는 I가 더 높게 나오기도 해요. 이처럼 에너지는 꼭 어느 한쪽으로만 고정되는 건 아니에요. 상황이나 기분에 따라 달라질 수 있어요. 그래서 '지금 내 에너지 레벨은 어떤가?'를 스스로 인식하고, 그에 맞춰 행동하는 것이 중요해요.

예를 들어, 에너지가 떨어진 상태라면 일기를 쓰거나 침대에 누워 좋아하는 플레이리스트를 틀어 두고 쉴 수 있어요. 집이 아니라 밖에서도 혼자만의 시간을 보낼 수 있어요. 전시를 보거나, 산책을 하는 등 감정을 환기할 수 있는 활동을 하면 돼요. 그리고 충전이 됐다면 다시 누군가와 만나 에너지를 나눌 수 있겠죠. 하지만 아무리 에너지 조절을 잘해도 다시 외롭다고 느끼는 순간이 찾아올 거예요. 그건 우리가 본능적으로 '연결'을 원하기 때문이에요.

이와 관련된 유명한 고슴도치 이야기가 있어요. 추운 겨울날, 몇 마리의 고슴도치가 몸을 따뜻하게 녹이고자 모였는데 가까이 다가갈수록 서로의 바늘이 몸을 찔러 떨어질 수밖에 없었어요. 그러나 추위를 이기지 못한 고슴도치들은 다시 모였고, 이를 몇 번 반복한 후에야 서로 다치지 않도록 일정 거리를 두는 것이 좋은 방법이라는 것을 발견했다고 해요. 이걸 '고슴도치 딜

레마'라고도 하죠. 실제로 고슴도치들은 바늘이 없는 머리를 맞대고 잔다고 해요. 가까이 다가가지도 멀어지지도 못하는 모습, 어딘가 익숙하지 않나요? 맞아요, 우리와 비슷해요. 고슴도치들이 자기만의 방법으로 적절한 거리를 찾듯, 우리도 '혼자 있음의 편안함과 외로움' 그 미묘한 간극에서 자신이 편안하게 느끼는 거리감을 찾아야 해요. '혼자 있음을 즐기는 자유로움'과 '사람들과 어울리는 즐거움'을 균형 있게 조절하는 법을 배우는 거예요. 적절한 거리를 유지하면서, 때론 서로의 체온을 나누어 줄 수 있는 고슴도치들처럼 살아가야 해요. 완벽할 필요는 없어요. 적당히 나 혼자 잘 놀 줄도 알고, 또 적당히 사람들 속에서 웃을 줄도 아는 사람이면 충분해요.

    2018년 영국 정부에는 세계 최초로 외로움부(Ministry of Loneliness)가 창설되었어요. 이는 현대인들이 느끼는 외로움이 개인적인 감정을 넘어 사회적 차원의 대응이 필요할 만큼 심각한 수준의 문제임을 시사해요. 그렇다면 외로움은 반드시 해결해야 하는 문제일까요? 외로움이 싫은가요? 싫다면 그 이유는 무엇인가요? 그 이유가 성립하지 않는다면 외로움은 해결할 필요가 없을까요?

## 2.

# 나는 그대로인데,
# 왜 사람마다 다르게 볼까?

한 학생이 색다른 성격 유형 검사 이야기를 해 준 적이 있어요. 자신이 직접 자신의 성격에 대해 검사하는 게 아니라 다른 사람이 내 성격을 추측해 보는 검사였죠. 결과도 꽤 흥미로웠어요. 중학교 친구는 그 학생을 계획적이고, 철학적인 이야기에는 관심이 없다고 본 반면, 고등학교 친구는 그 학생을 계획적이지 않고, 철학적인 이야기를 좋아한다고 보았죠. 그리고 친오빠는 이상하리만큼 정확히 맞혀서 짜증이 났다고 했어요. 이 학생은 자신은 그대로인데, 사람마다 자신을 다르게 본다는 사실이 신기하다고 말했죠.

나는 똑같은 사람인데 왜 다른 사람이 본 내 모습은

다 다를까요? 내가 다르게 행동하니까 다른 사람들이 다르게 보는 걸까요? 아니면 나는 똑같이 행동하는데 보는 사람마다 다르게 해석하는 걸까요? 꼬리에 꼬리를 무는 생각을 따라가다 보면 "그럼 도대체 진짜 나는 누구지?"라는 질문으로 이어져요.

칼 구스타프 융은 사람 안에는 여러 층위의 심리 구조가 있다고 했어요. 그중 '페르소나'는 우리가 사회 속에서 쓰는 일종의 가면이나 역할을 말해요. 융은 이를 '사회적 맥락에서 우리가 보여 주는 얼굴'로 설명했어요. 즉, 남들이 보는 나, 사회에 맞춰 조정된 나를 페르소나라고 부른 거예요. SNS에 올리는 나의 모습도 일종의 페르소나라고 할 수 있어요. 나의 진짜 모습이 아니라, 사회에 보여 주고 싶은 '가면'을 쓴 나의 모습일 테니까요.

"엄마 앞에선 내 감정을 솔직하게 표현하는데 친구들 앞에선 솔직하게 말하지 못하겠어요."
"선생님 앞에선 얌전하게 있지만 친구들 앞에서는 장난도 치고 활발하게 놀아요."

이처럼 우리는 누구와 있느냐, 어떤 자리에 있느냐에 따라 다른 나를 보여 주게 돼요. 왜냐하면 함께 있는 사람의 기대에 맞춰 주고 싶기 때문이에요. 그렇다면 여러 페르소나 중에 어떤 페르소나가 진짜 나일까요?

"나는 누구인가?"라는 질문은 철학자들만 던지는 게 아니에요. 모두가 때때로 마주하게 되는 고민이죠. 이런 고민에 빠지다 보면 거짓된 모습을 보여 준다는 생각에 거부감이 들고, 주변 사람들을 속이는 기분에 죄책감이 들기도 할 거예요. 그래서 누군가는 "있는 그대로의 나로 살고 싶다."라고 말하기도 하죠. 하지만 페르소나를 부정적으로 생각할 필요는 없어요. 페르소나는 우리가 사람들과 원활하게 관계를 맺을 수 있도록 도와주기도 하거든요. 모두 가면 없이 서로 솔직하게 대한다고 상상해 봐요. 배려 없이 솔직함만 앞세우면 오히려 관계를 망칠 수 있어요. 문제는 다른 사람들의 시선에 나를 가둘 때예요.

장폴 사르트르
Jean-Paul Sartre

**타인은 지옥이다.**

프랑스의 철학자 장폴 사르트르의 희곡 『닫힌 방(Huis Clos)』은 한 장소로 세 영혼이 차례로 들어오면서 시작돼요. 창문도 출구도 없이 모든 것이 박탈된 장소. 이 닫힌 방에 들어온 세 영혼은 죄를 지었어요. 그럼에도 각자는 여전히 자신이 좋은 사람이라고 생각해요. 왜냐하면 죄를 저지를 수밖에 없었던 나름의 사정이 있었기 때문이에요. 그러나 서로는 그 사정을 이해해 주지 않고, 오직 범죄자로 낙인찍으며 비난해요. 결국 각자가 원하는 자신의 모습은 타인의 시선에 의해 철저히 부정되고, 그 부정은 되돌릴 수 없는 고통이 되어 그들의 공존은 지옥으로 변해가요. 이 장면을 두고 사람들은 종종 "다른 사람들 때문에 인생이 괴롭다."라는 뜻으로 오해하곤 해요. 하지만 여기서 말하는 지옥은 타인 자체가 아니라 타인의 시선 속에서 왜곡된 나예요. 사르트르는 인간이 타인의 시선 속에서 끊임없이 자신을 정의하려고 한다고 설명했어요. 누군가의 시선 때문에 내가 아닌 그들이 규정한 나로 살아가야 할 때, 우리는 불편함을 느끼고 이러한 고통을 바로 '지옥'이라고 말한 거예요.

남들과 함께 있을 때, 우리는 '그들이 보는 나'를 고려하면서 스스로 조정해야 하는 상태가 되죠. 실제로 '타인에게 보이는 나'에만 집중해서 정작 나 자신이 누구인지 헷갈리게 될 수 있어요. 친구들끼리 간식을 먹는 상황을 예로 들어 볼게요. 나는 민트초코를 별로 좋아하지 않는데, 친구들이 모두 민트초코를 좋아해서 괜히 좋아하는 척하며 먹는 거예요. '그냥 나 하나쯤 맞추면 되지, 뭐.'라고 생각할 수 있지만 이런 행동이 반복되면 점점 내 취향은 사라지는 거죠. 이처럼 타인에게 나를 지나치게 맞추다 보면, 나를 잃어버리게 돼요. 그래서 나를 지키기 위한 노력이 필요해요. "이 상황이 나에게 편안한가? 아니면 억지로 맞추고 있는 건가?" 이런 질문을 자신에게 자주 던져 보는 거예요. 그런 질문들이 쌓이면 많은 페르소나 사이에서도 나를 잃지 않을 수 있어요. 독일의 철학자 프리드리히 니체는 이렇게 말했어요.

프리드리히 니체
Friedrich Nietzsche **인간은 끊임없이 변화하는 존재다.**

우리를 하나의 모습으로 정의하는 건 불가능해요. 우리는 하나의 고정된 모습이 아니라 다양한 모습을 진 다면적인 존재니까요. 상황과 감정, 관계에 따라 조금씩 다른 얼굴을 보여주는 건 당연한 일이에요. 페르소나도 결국 나의 일부니까요. 그 변화가 내가 원하는 것인지, 아니면 타인에게 끌려가는 것인지 스스로 구분할 수 있는 힘만 가지고 있으면 돼요. '흔들리는 건 괜찮지만 나를 꺾지는 말자. 그러면 함께 살아가야 할 타인이 지옥이 될 수 있다.' 이걸 꼭 기억하세요.

나는 언제 내가 어떤 사람인지 스스로 돌아보게 될까요? 어쩌면 옆자리에 앉은 친구가 게임을 잘할 때 부러워하면서 '나는 게임을 못 하는 사람일까?'라는 생각을 가질 수도 있고, 혹은 지하철에서 어떤 할머니께 자리를 양보하는 친구를 보면서 '나는 저렇게 착하지 못한 사람인 것 같다.'라고 생각해 볼 수도 있어요. 그러나 이 같은 생각들은 모두 타인을 통해 자기를 의식하는 과정에 해당해요. 그렇다면 타인을 통하지 않은 채 스스로에 대해 생각해 본다면, '나'는 어떤 사람인가요? 무슨 음식을 좋아하고 어떤 음악을 듣나요? 혹은 어떤 영화를 좋아하나요? 나아가 나 자신이 어떤 사람인지 생각해 보았다면, 다음의 질문을 한 번 더 던져 볼까요? '나'는 어떤 사람이 되고 싶은가요?

# 3.

# 갓생을 살려면
# 꼭 일찍 일어나야 할까?

아침 일찍 일어나 책을 읽고, 자기 계발을 하는 사람들을 '갓생러'라고 부르죠. 일본의 소설가 무라카미 하루키는 새벽 4시에 일어나 소설 원고를 쓴다고 해요. 미국의 정치가 벤저민 프랭클린은 이런 말을 남겼어요.

벤저민 프랭클린
Benjamin Franklin
**일찍 자고 일찍 일어나면
건강해지고, 부유해지고, 현명해진다.**

이런 말들을 들으면 나도 원래 기상 시간보다 더 일찍 일어나야 할 것 같다는 마음이 들죠? 그런데 갓생에 도전하려고 알람을 맞춰도 몸이 천근만근이라 그냥 *끄고* 다시 잠들거나, 너무 일찍 일어나서 하루종일 피곤했던 경험, 다들 한 번쯤 해 봤을 거예요. 다른 사람들은 아침 일찍 일어나 자기 계발을 하는데, 나는 왜 그러지 못할까요? 우리는 꼭 아침형 인간이 되어야만 할까요?

무라카미 하루키처럼 아침에 머리가 잘 돌아가는 사람도 있지만 그렇지 않은 사람도 있어요. 프랑스의 철학자 르네 데카르트는 저녁에 머리가 잘 돌아가는 사람이었어요. 정오에 가까운 시간까지 침대에서 나오지 않고 누워서 사색하는 걸 즐겼다고 해요. 어느 날, 그의 인생에 날벼락이 떨어졌어요. 스웨덴 여왕의 철학 가정교사를 맡게 된 것이죠. 여왕의 철학 가정교사가 된 건 명예로운 일인데 날벼락이라고 표현한 이유는, 여왕은 매우 이른 아침에만 시간을 낼 수 있었기 때문이에요. 덩달아 데카르트도 새벽에 일어나 궁전으로 이동해 철학 강의를 해야 했죠. 결국 데카르트는 스웨덴에 도착한 지 몇 달 후 폐렴에 걸려 생을 마감했어요. 사망 원인을 새벽 기상과 직접적으로 연결할 수는 없지만 그의 생활 모습을 보면 갑자기 바뀐 낯선 환경과 생활 패턴이 몸에 맞지 않았던 건 분명해 보여요. 데카르트처럼 아침형 인간이 체질에 맞지 않을 수도 있는데, 우리는 왜 일찍 일어나는 삶을 좋게 볼까요? 일찍 일어나면 그 시간에 다른 활동을 더 할 수 있기 때문이에요. 하지만 다른 시간을 활용할 수 있다면, 심지어 나의 생활 패턴이 오후에 활동하는 게 더 맞다면, 일찍 일어나 활동할 필요가 있을까요?

데카르트 이야기가 말해 주는 건 단순해요. '아침 일찍 일어나는 것'이 중요한 게 아니라 그 시간을 어떻게 보내느냐가 더 중요하다는 거예요. '갓생'이라는 말의 본질은 결국 자기 삶을 잘 돌보고, 시간을 의식적으로 사용하는 데 있는 거죠. 일찍 일어나서 피곤한 하루를 보내느니, 차라리 나에게 맞는 리듬을 찾아서 가장 집중력이 높은 시간대를 활용하는 편이 훨씬 낫지 않을까요? 누군가는 이른 새벽에 일어나 글을 쓰고, 누군가는 밤늦게 혼자 집중해서 공부할 수 있는 거죠. 아침형 인간이든 저녁형 인간이든 상관없어요.

루키우스 세네카 **수명의 짧음이 아니라 시간 낭비가 문제다.**
Lucius Seneca

고대 로마의 철학자 루키우스 세네카는 시간이 부족한 것이 아니라 시간 낭비가 문제라고 말했어요. 아침이 아니더라도 학교 쉬는 시간이나 대중교통을 타고 이동하는 시간에 자기 계발을 할 수 있어요. 시간 관리를 잘하는 사람의 특징은 시간을 잘게 쪼개서 쓰는 거예요. 그리고 자투리 시간을 잘 활용하는 것이죠. 점심시간에 읽은 뉴스 기사 하나, 또 친구를 기다리며 외운 영어 단어 하나가 자기 계발이 될 수 있어요. 자기 계발을 거창하게 생각할 필요 없어요. 우리에게 주어진 시간을 잘 활용하는 것만으로도 충분해요.

또 한 가지 질문을 해 볼게요. 여러분이 생각하는 '갓생'은 무엇인가요? 어떤 갓생을 살고 싶은가요? 갓생은 자기 삶을 스스로 잘 관리하고 책임지는 삶이라고 생각해요. 아침형 인간이든 저녁형 인간이든 자신의 시간을 잘 관리한다면 갓생을 살고 있다고 자신 있게 말할 수 있어요. 아리스토텔레스는 이렇게 말했어요.

아리스토텔레스
Aristoteles

**우리가 반복적으로 행하는 것이 우리 자신이다.**

갓생에서 중요한 건 꾸준함이에요. 습관을 들이는 건 쉬운 일이 아니에요. 포기하지 않고 반복해서 시도하는 끈기가 필요해요. 오늘 못해도 내일 도전하면 된다는 마음으로, 천천히 습관을 들이면 돼요. 그렇다면 이제 스스로에게 물어보세요.

"나는 언제 가장 집중이 잘될까?"

"내가 원하는 갓생은 어떤 모습일까?"

누가 정해 준 기준 말고, 내가 감당할 수 있는 계획을 세우면 돼요. 아침에 일찍 일어나는 것만이 유일한 길은 아니에요. 자신에게 맞는 생활 패턴을 찾고, 해야 할 일과 하지 말아야 할 일을 분명하게 구분하는 것에서부터 갓생은 시작돼요.

　　　　　살다 보면 '해야 할 일'과 '하지 말아야 할 일'을 구분하는 것뿐만 아니라 '해야 할 일' 중에서도 '먼저 해야 할 일'과 '나중에 해야 할 일'을 구분하는 일이 필요할 때가 있어요. 즉 일의 우선순위를 결정해야 하는 상황을 마주한다는 것이죠. 그리고 대개 일의 우선순위는 '그 일의 결과가 나 자신에게 얼마나 중요한지'를 기준으로 결정돼요. 그렇다면 '나는 무엇을 중시하는 사람'인지 미리 생각해 두는 것이 갓생을 사는 데 효율적인 수단이 될 수 있겠죠? 그럼 여러분은 '무엇을 중시하는 사람'인가요?

# 4.

## 기분 좋은 하루와 행복한 하루는
## 다른 걸까?

<table>
<tr><td>노래를 랜덤 재생했는데 좋아하는 노래가 나와서<br>(                         )</td></tr>
<tr><td>공연장에서 내가 좋아하는 가수를 실제로 봐서<br>(                         )</td></tr>
</table>

두 문장 뒤에 '기분이 좋았어'와 '행복했어'를 각각 골라서 넣어 보세요. 대부분 첫 문장에 '기분이 좋았어'를, 두 번째 문장에 '행복했어'를 넣을 거예요. 두 단어는 비슷하게 느껴지지만 사실 꽤 다른 감정이에요.

'기분'의 사전적 정의는 대상이나 환경에 따라 마음에 절로 생기며 한동안 지속되는 감정이에요. '행복'의 사전적 정의는 생활에서 충분한 만족감과 기쁨을 느끼어 흐뭇한 상태를 말해요. 한마디로 말하면, 작은 기분 좋음이 쌓여 행복이 되는 거예요. 아리스토텔레스는 이렇게 말했어요.

아리스토텔레스 **제비 한 마리가 왔다고 여름이 온 것은 아니다.**
Aristoteles

이 말은 하나의 기분 좋음이 곧바로 행복이라는 뜻은 아니라는 의미예요. 행복은 작은 기쁨들이 모이고, 그것이 삶의 만족감과 이어질 때 비로소 '여름'처럼 찾아오니까요. 그리고 여기서 또 짚어야 할 점이 있어요. 모든 기분 좋음이 행복으로 이어지는 게 아니라는 거예요. 중요한 건 삶의 만족감, 즉 감정이 내 삶을 더 좋게 만들고 있는가 하는 점이에요. 예를 들어, 잠깐의 기분 좋음을 위해 게임에 용돈을 모두 써 버린다고 생각해 봐요. 그 순간은 신나지만 그 감정이 내 삶을 더 만족스럽게 만들지는 않아요. 게임을 다 하고 나면 신나는 감정은 사라지고 오히려 용돈 없이 지낼 남은 날들의 걱정이 찾아오겠죠. 이런 감정은 행복으로 이어지기 힘들어요.

우리는 종종 행복을 잘못된 방향에서 찾아요. SNS

에서 '좋아요'를 많이 받는 일, 이미 있는 물건을 또 사는 일, 명품을 사서 우월감을 느끼는 일, 해야 할 일을 미루고 노는 일 등은 모두 순간적으로 기분은 좋지만 지속되는 만족감은 주지 못해요. 대부분 지나가는 쾌락에 불과하죠. 순간적인 감정에 너무 많은 힘을 쏟으면, 감정이 사라진 뒤에 남는 건 걱정뿐일 수 있어요. 영국의 철학자 제러미 벤담은 이렇게 말했어요.

제러미 벤담
Jeremy Bentham

**인간은 고통과 쾌락의 두 군주 아래 있다.**

이 말은 인간의 모든 행동과 선택이 결국 고통을 피하고 쾌락을 얻으려는 마음에서 시작된다는 뜻이에요. 우리는 고통을 피해야 쾌락을 얻을 수 있다고 생각하지만, 어쩌면 행복으로 가려면 쾌락에 고통이 조금은 섞여야 할지도 몰라요. 쇼핑의 유혹을 잠시 참는 고통을 견딘 뒤 얻는 저축의 뿌듯함, 놀고 싶은 마음을 잠시 내려놓고 공부해서 얻은 성취감처럼요. 이런 감정은 시간이 지나도 남아 있고, 행복으로 이어질 가능성이 높아요. 이제 스스로 질문하는 시간을 가져 봐요. "내가 원하는 행복은 어떤 모습이지?", "내가 행복을 느꼈던 순간은 언제지?"

행복하기 위해서는 먼저 내가 무엇을 할 때 행복한지 스스로 알고 있어야 해요. 남들이 정해 준 행복의 기준이 아니라, 나만의 기준이 있으면 더 좋은 선택을 할 수 있어요. 그리고 내가 느낀 행복을 남의 것과 비교하지 않을 수 있어요. 행복은 멀리 있지 않아요. 거창한 성취를 해야만 행복한 것도 아니고, 남들만큼 무엇을 해야 행복한 것도 아니에요. 사실 불행하지 않다면 그것도 하나의 행복이에요. 우리는 '불행이 없는 상태'를 너무 당연하게 여기기 때문에, 그 자체가 행복일 수 있다는 사실을 자주 잊어요.

우리의 뇌는 행복의 크기보다 빈도에 더 민감하게 반응한다고 해요. '소확행(소소하지만 확실한 행복)'이라는 말이 있죠. 중요한 말이에요. 소소한 행복을 만들다 보면 어느새 행복한 삶을 살고 있을 거예요. 그러나 동시에 잊으면 안 되는 게 있어요. 나 혼자만 행복해지려는 것은 사실 불가능에 가까워요. 내 주변에 있는 사람, 다른 사람과 더불어 행복해질 수 있는 길을 찾아보세요. 또 기분 좋은 순간이 있다면 그것을 의심하지 마세요. "이게 진짜 행복인가?"라고 물어볼 필요 없이, 그 순간을 온전히 누려도 좋아요. 행복을 먼 곳에서 찾기보다는, 내가 좋아하는 것들을 하며 보내는 지금이 바로 행복일 수 있다는 걸 기억하세요.

　　'행복'과 '기분 좋음'이 구분된다면, 반대로 '불행'과 '기분 나쁨'은 어떻게 구분될까요? 우리는 종종 스스로 불행하다고 여기죠. 만약 불행과 기분 나쁨이 구분될 수 있다면, 나 자신을 불행하다고 여기는 생각은 어쩌면 '나는 지금 기분 나쁜 상태야.'라는 생각으로 바뀔 수 있지 않을까요? 만약 기분 나쁨이 여러 차례 쌓여 불행을 만든다면, 정말로 불행한 사람은 기분이 나쁜 것을 불행으로 착각해서 스스로를 계속 기분 나쁜 상태에 놓이게 만드는 사람은 아닐까요?

# 5.

## 흑역사는
## 왜 자꾸 떠오를까?

　　　　　　다른 사람을 만나고 집에 돌아와서 하루를 정리하다 문득, "왜 그런 말을 했지?", "내 행동이 너무 이상했나?"라는 생각이 들 때가 있어요. 너무 부끄럽고 창피해서 '이불 킥'을 하며 억지로 잠에 든 경험, 다들 한 번쯤 해 봤을 거예요. 이불 킥은 이불과 킥(Kick)의 합성어로, 자려고 누웠을 때 부끄러웠던 과거가 떠올라 이불 속에서 발길질한다는 표현이에요. 부끄러운 기억은 잊어버렸으면 좋겠는데 기억 한편에 남아 불쑥불쑥 튀어나오죠. 부끄러운 기억인 '흑역사'를 잊기 위해서 여러 시도를 해 보곤 해요. 먼저, 친구들에게 이야기하고 훌훌 털어 버리고자 하죠. 사실 이 방법은 좋지 않아요. 다른 사람에게 자신의 흑역사를 자꾸 이야기하는 것은 흑역사를 잊는 데 전혀 도움이 되지 않거든요. 말한다는 것은 사건을 재구성하는 것이고, 재구성하면 할수록 기억에 오래 남기 때문이에요. 또, 흑역사를 떠올리지 말아야겠다고 다짐하기도 해요. 심리학에는 '반동 효과'라는 게 있어요. "흰곰을 생각하지 말라."라고 말하면 오히려 흰곰 생각이 난다는 거죠. 우리의 뇌는 '~하지 말라' 같은 부정 명령을 잘 이해하지 못하기 때문에 잊으려 할수록 그 생각에 더 깊이 빠져들게 돼요. 지우고 싶은 과거가 계속 떠오르는 것도 이와 비슷한 맥락일 거예요. 그렇다면 이 현상을 어떻게 봐야 할까요?

이 질문에 가장 깊이 있는 대답을 해 줄 수 있는 사람은 오스트리아의 정신 분석학자 지그문트 프로이트일 거예요. 프로이트는 지금 당장 자각하고 있는 마음을 '의식', 필요할 때 떠올릴 수 있는 기억을 '전의식', 자각하지 못하지만 내 행동에 영향을 주는 기억과 감정들을 '무의식'이라고 구분했어요. 고통스럽거나 불쾌한 기억을 무의식 속으로 밀어 넣는 심리적 작용은 '억압', 무의식에 억눌린 감정이 꿈이나 행동 등으로 표현되는 것을 '증상'이라고 했죠.

지그문트
프로이트
Sigmund Freud

**완전히 잊혀진 것처럼 보이는 것들조차도
어딘가에 어떻게든 존재한다.**

프로이트에 따르면 사람들은 부끄럽거나 고통스러운 기억을 떠올리지 않으려고 애쓰는데요. 결국 그 기억은 생각 깊은 곳에 눌러 담겨, 잊어버린 것처럼 억압돼요. 그런데 억압된 기억은 완전히 사라지는 게 아니라, '무의식' 속에 남아서 행동이나 감정에 영향을 주는 거죠. 예를 들어, 학교에서 발표하다가 말실수한 기억이 있다면, 이 기억이 흐릿해져도 사람 앞에 서면 이유 없이 긴장하거나 식은땀을 흘릴 수 있는 거예요. 또, 바다에서 수영하다가 물에 빠질 뻔한 적이 있다면, 바다에 빠지는 꿈을 반복해서 꿀 수도 있죠. "이 기억을 잊어버려!"라고 한다고 해서 기억을 잊어버릴 수 없다는 거예요. 무의식은 말 그대로 의식하지 않아도 존재하는 마음이기 때문이죠. 그래서 프로이트는 기억을 억압하기보다는 직면하고 해석함으로써 나를 더 잘 이해할 수 있다고 보았어요.

니체도 프로이트와 비슷한 주장을 했어요. 『차라투스트라는 이렇게 말했다(Also sprach Zarathustra)』에서 인간 정신의 발달을 3단계로 설명했죠. 첫 번째는 낙타예요. 낙타는 무거운 짐을 지고 묵묵히 사막을 건너는 동물이에요. 기존의 가치와 도덕을 고스란히 받아들이며 순종적이고 인내하며 참고 견디는 존재죠. 두 번째는 사자예요. 사자는 기존의 질서를 부정하는 단계예요. 기존 가치에 "아니요!"라고 외치며 반항하죠. 세 번째는 어린

아이예요. 반항을 넘어 자기만의 새로운 가치를 창조하는 존재지요. 여기까지 읽으면 이게 잊고 싶은 기억과 무슨 연관이 있나 의아할 거예요.

이제 가치를 과거로 바꿔서 생각해 봐요. 낙타 단계는 과거의 실수와 부끄러움을 그대로 짊어진 채 자기비판에 머무르는 것이에요. "그때 내가 왜 그랬을까?" 하는 생각에 괴로워하지만 참고 있는 상태예요. 사자 단계는 "왜 나한테 그런 걸 시켰지?"라며 과거를 거부하는 상태예요. 마지막으로 어린아이 단계는 과거를 인정하고 새로운 나로 나아가는 거예요. "그땐 내가 잘못했지만, 앞으로는 안 그럴 수 있어."라고 과거의 기억에 사로잡히지 않고, 그 기억을 극복하는 단계죠.

우리는 부끄러운 기억을 지우고 싶어 하지만, 기억을 지울 순 없어요. 다행히 우리가 잊어야 하는 것은 감정이지, 기억이 아니라는 거예요. 부끄러웠던 사건은 기억하고 그때의 감정을 잊어야 해요. 그러니 이제 기억을 잊고 싶다는 생각은 버리고 과거의 사건을 바탕으로 앞으로 나아가는 과정으로 삼아야 해요. 그 사건을 충분히 떠올리며 부끄러워하고, 민망해하고, 이불 킥도 해 보고 나서 다시 생각해 보는 거예요. 그때로 돌아가면 이렇게 행동해야지 하고요. 그러고 나면 시제를 미래로 바꿔 다음에 이런 상황이 되면 이렇게 행동해야지 하고 다짐하는 거예요. 과거에 순

응하는 낙타도, 과거를 부정하는 사자도 아니라 과거를 인정하고 새롭게 나아가는 어린아이 같은 삶을 살아 봐요.

　　'망각은 신의 선물'이라는 말을 들어 보았을 거예요. 그렇다면 흑역사도 망각하면 되지 않을까요? 그러나 반동 효과는 망각하려 할수록 더 망각하기 어렵다는 것을 시사하죠. 따라서 흑역사를 지우는 데 가장 효과적인 방법은 '자연스럽게 망각하도록 놔두는 것'이죠. 그런데 그렇게 놔두기 어려운 이유는 과거의 나 자신을 수용하지 못하기 때문일 거예요. 그만큼 과거를 수용하고 인정하는 일은 어려운 일이죠. 그러나 만약 내가 어린아이였더라도 그렇게 어려울까요? 어제 친구의 장난감을 빼앗아 놀다가 친구와 싸웠다고 생각해 보세요. 친구의 장난감을 빼앗았던 '어제의 나'를 수용하기 어려운가요? 아니면 이 정도는 수용할 수 있다는 생각이 드나요? 만약 수용할 만하다면, 그 이유는 무엇인가요? 그럼 이제 그 이유를 '지금의 나' 자신에게 적용해 보세요. '지금의 나'는 '친구의 장난감을 빼앗은 어린 나'와 그렇게 다른가요? 만약 다르지 않다면, 과거의 나를 수용할 만한 이유가 적어도 하나는 생겨나지 않을까요?

## 2장

# 거울 앞에서:
# 타인의 시선에서 벗어나기

# 1.
# 사람들은 왜 외모만 보고
# 사람을 판단할까?

> Q. 잘생기거나 예쁜 외모가 사회에서 혜택을 받는
> 다고 생각하나요?
>
> ☐ 매우 그렇다　　　☐ 어느 정도 그렇다
> ☐ 별로 그렇지 않다　☐ 전혀 그렇지 않다

한 매체에서 1980년대 초~2000년대 초 출생자 천여 명을 대상으로 한 설문 조사 결과, 응답자의 98.1%가 잘생기거나 예쁜 외모가 사회적 혜택을 받는다고 생각했어요. 이런 이야기를 하다 보면 가장 흔히 듣는 대답은 "남 신경 쓰지 말고 살자."일 거예요. 하지만 누군가에게 인정받고 싶은 마음은 자연스러운 거예요. 독일의 철학자 게오르크 헤겔은 이렇게 말했어요.



**인류 역사는 인정 투쟁의 역사다.**

헤겔은 인간 존재의 핵심을 '자기의식'으로 보았어요. 그런데 자기의식은 혼자서는 생겨나지 않아요. 내가 스스로 '나'라고 생각한다고 해도, 그것만으로는 불안정해요. 다른 사람이 나를 인정해 줄 때 비로소 '내가 누구인지'가 분명해지는 거예요.

내가 나를 인식해도 불안정하다니 이해가 안 갈 수도 있을 거예요. 사랑을 예로 들어 볼게요. 누군가를 사랑하면 누구나 그 사람에게 특별한 존재로 인정받고 싶어 하죠. 하지만 상대방 마음은 내 뜻대로 움직일 수 있는 게 아니에요. 만약 상대가 내 마음을 받아들이지 않는다면, 그 관계 속에서 상대방이 나를 특별하게 여긴다는 생각은 들지 않을 거예요. 오히려 스스로를 수많은 지인 중에 한 명 정도로 여길 거예요. 반대로 상대방이 내 마음을 받아들이고 따뜻하게 대해 준다면, 그때는 상대방에게 자신이 특별한 존재라는 자기의식이 생길 거예요. 사랑은 자기의식이 타인의 인정 속에서만 분명해진다는 걸 보여 주는 사례예요.

무대 위 가수도 마찬가지예요. 가수는 스스로 '나는 가수야.'라고 생각할 수 있어요. 하지만 아무도 그의 노래를 듣지 않고 어떤 반응도 해 주지 않는다면 어떨까요? 노래를 부르긴 하지만 가수라는 자신의 존재를 온전히 확인하기 어려울 거예요. 아마 청중이 노래에 귀를 기울이고 반응했을 때 비로소 자신이 가수임을 더 선명하게 느끼게 될 거예요. 누군가의 인정이 있을 때 자기의식이 더 뚜렷해지는 거죠. 즉, 인간은 결국 다른 사람에게 인정받기를 갈망하는 존재라는 거예요. 그래서 때로는 과하게 애쓰고, 때로는 주변의 눈치를 보기도 하죠.

겉으로는 단순히 잘 보이고 싶은 것처럼 보이지만, 그 깊은 곳에는 '나'라는 존재가 가치 있는 존재로 인정받고 싶은 마음이 숨어 있어요. 헤겔은 이런 인간의 모습을 '인정받기 위한 투쟁(Kampf um Anerkennung)'이라고 표현했어요. 서로가 서로를 주체로 인정해 줄 때 비로소 자기의식도, 관계도 완성된다는 뜻이에요.

사랑 받고 싶고, 멋지다는 말을 듣고 싶고, 주목 받고 싶은 마음은 너무 자연스러운 인간의 본능인 거예요. 외모에 신경을 쓰는 것도, 예쁘고 멋있어 보이고 싶은 것도 부끄러운 게 아니죠. 하지만 그렇다고 친구들과 함께 찍은 사진을 보며 "왜 나는 사진을 찍으면 항상 이상하게 나올까?"라고 생각하면 너무 피곤하겠죠. 게다가 우리는 비교의 시대에 살고 있잖아요. 인스타그램, 틱톡, 유튜브에는 아름다운 외모를 가진 사람들이 넘쳐 나죠.

그것을 반복해서 보고 있으면, 나도 모르게 그게 '정상'이고, '기준'인 것처럼 착각하게 돼요. 그렇게 되면, 자기 자신을 향한 의심과 콤플렉스는 더욱 커질 수밖에 없어요. 이쯤에서 생각의 고리를 한 번 끊어 주면 좋겠어요. 이렇게 말해 보는 거예요.

### "외모가 인생의 전부는 아니다!"

뻔한 이야기처럼 들릴 수 있지만 그만큼 많은 사람들의 입을 통해 전해진, 많은 사람들의 공감을 얻은 이야기라고 생각해 주면 좋겠어요. 철학자들은 인정받기 위해 외모에만 의지하지 말라고 말하기도 해요. 외모는 바뀔 수 있지만 여러분의 마음과 태도는 더욱 깊고 오랫동안 기억되기 때문이에요. 고대 그리스의 철학자 소크라테스 또한 진짜 아름다움은 내면에 있다고 했어요. 소크라테스는 평범한 얼굴이었지만 당당했어요. 왜냐하면 그는 자신의 생각과 영혼의 깊이를 믿고 있었기 때문이에요. 소크라테스는 사람들이 자신의 외모를 평가할 수 있어도, 자신의 영혼은 자신만 평가할 수 있다고 했어요.

한때 "만약 내가 바퀴벌레가 된다면 어떻게 할 거야?"라는 질문이 유행한 적 있어요. 외적인 모습이 바뀌었을 때도 나를 똑같이 대할 건지 물어보는 거죠. 대부분은 똑같이 사랑할 거라고 대답할 거예요. 외적인 모습이 달라지더라도 내가 알던 그 사람인 건 변함이 없으니까요. 외적인 모습은 시간이 지나면 변하지만, 마음과 태도는 오래도록 사람의 기억에 남는다는 걸 잊지 마세요. 나이가 들어도, 외모가 달라져도 사라지지 않는 진짜 아름다움이죠.

데이비드 흄
David Hume

**아름다움은 사물들 자체 안에 존재하는 성질이 아니다. 그것은 오직 사물들을 관찰하는 정신 안에만 존재하며, 각각의 정신은 서로 다른 아름다움을 지각한다.**

영국의 철학자 데이비드 흄은 이렇게 말했어요. 아름다움은 객관적인 기준이 있는 게 아니라 사람마다 그 기준이나 관점이 달라질 수 있다는 말이에요. 누군가에게는 평범해 보이는 모습이, 다른 누군가에게는 아주 따뜻하고 특별해 보일 수 있다는 뜻이죠. 한번 주변의 친구들을 떠올려 보세요. 그리고 그 친구들의 매력을 찾아보세요. 누군가는 웃는 모습이 예쁠 거고, 누군가는 용기 있는 모습이 멋있을 거고, 누군가는 친구를 배려하는 모습이 따뜻할 거예요. 이제 그 시선을 자신에게 돌려 보세요. 사회가 정한 미의 기준이 아니라 나만의 장점을 찾아보는 거예요. 자기 자신을 사랑할 줄 아는 사람은 누구보다 빛나요. 여러분이 거울 앞에 서서 자신을 바라볼 때, 그 눈빛이 조금 더 따뜻해졌으면 좋겠어요. 자, 그럼 이제는 여러분이 '나'에게 그 질문을 던질 차례예요.

"내가 가장 나다울 때는 언제일까?"

　　영화 「어바웃 타임」에는 앞이 보이지 않는 어둠 속에서 식사하도록 하는 흥미로운 식당이 나와요. 그 식당을 보고 이런 생각이 떠오른 적이 있어요. '만약 나를 어둠 속에서 만나게 된다면, 나는 매력적인 사람일까?' 사람의 인상을 결정하는 데 시각적인 영향력은 생각보다 크다고 알려져 있어요. 그렇다면 그 시각적인 영향력이 제거된 상태를 상상해 볼 수 있죠. 나는 어둠 속에서 어떤 사람인가요? 매력적인 사람인가요?

# 2.

# 왜 혼자 보는 일기장에도
# 거짓말을 쓸까?

여러분이 가장 솔직해지는 순간은 언제인가요? 친구와 편하게 수다를 떨 때? 부모님과 진지한 이야기를 할 때? 아니면 아무도 보지 않는 혼자만의 시간을 보낼 때일까요? 대부분의 사람들은 혼자 있을 때가 가장 솔직한 순간이라고 생각해요. 하지만 이런 말도 있어요. "사람은 혼자 보는 일기장에도 거짓말을 쓴다." 그만큼 솔직한 모습을 드러낼 때가 없다는 말이죠. 자기 자신에게도 말이에요. 실제로 철학자들 사이에서는 오래전부터 이런 논쟁이 있었어요.

"자기 자신을 속인다는 게 과연 가능한가?"

　누군가에게 거짓말을 하려면, 적어도 내가 그게 거짓말인 걸 알아야 하잖아요. 그런데 내가 나에게 거짓말을 한다면요? 거짓말인 걸 아는 거짓말, 진실을 알면서 동시에 모르는 상태여야 해요. 이건 마치 눈을 감은 채로 윙크하는 것과 같은 거죠. 장폴 사르트르는 '자기기만'이 자유로부터 비롯되는 불안을 회피하기 위해 생긴다고 했어요. 예를 들어, 시험공부를 거의 안 했으면서 일기에는 "오늘 열심히 공부했다."라고 쓰는 거예요. 실제로는 '공부를 하지 않았을 때의 시험 성적'이라는 불안을 마주하고 싶지 않아 회피하는 거죠.

　여기서 또 질문이 생겨요. 아무에게도 보여 주지 않을 일기를, 우리는 왜 솔직하게 쓸 수 없냐는 거죠. 우리가 과거를 떠올릴 때 활성화되는 뇌의 부위와 미래를 상상할 때 활성화되는 뇌의 부위가 동일하다고 해요. 즉, 우리는 과거를 기억하는 게 아니라 재구성하고 다시 만들어 내는 거예요. 미래를 상상할 때처럼요. 오늘의 기분, 오늘의 생각이 어제의 기억을 바꾸는 거죠.

　결국 일기는 객관적인 '사실의 기록'이 아니라 나라는 렌즈를 통해 '재구성된 이야기'에 가까운 거예요. 어쩌면 조금의 거짓이 섞이는 것이 자연스러운 일인 거죠. 우리는 본능적으로 '내가 되고 싶은 모습', '받아들이기 쉬운 진실' 쪽으로 이야기를 틀어 버릴 수 있어요. 그런데 이건 단지 뇌 구조 때문만은 아니에

요. 우리 안에 항상 '다른 사람의 시선'이 작동하고 있기 때문이에
요.

"혹시 부모님이 내 일기장을 볼 수도 있지 않을까?"
"쓰레기통에 버렸는데 누가 주워서 보면 어쩌지?"

아무도 안 볼 거라 생각하면서도, '혹시'라는 생각
은 쉽게 사라지지 않아요. 이런 생각은 우리를 강하게 조종해요.
이 작은 가능성이 우리를 스스로 검열하게 만들죠. 게다가 우리는
어릴 때부터 "좋은 사람이 되어야 한다.", "상대의 입장을 이해해
야 한다."라는 말을 듣고 자랐어요. 예를 들어, 친구와 다투고 친구
가 100% 잘못했다고 느끼더라도 그렇게 생각해선 안 된다는 도
덕적인 목소리가 머릿속에 자동으로 떠오르는 거죠. 이런 무의식
이 혼자 있을 때조차 솔직하지 못하게 만드는 거예요. 하지만 이
런 꾸며진 모습이 무조건 나쁜 건 아니에요. 고대 중국의 철학자
공자는 이런 마음을 '신독(愼獨)'이라는 말로 설명했어요.

<hr>

공자孔子    **군자(君子)는 신독(愼獨)하라.**

'신독'이라는 개념은 유교 경전 『중용(中庸)』에 나

와요. 다른 사람이 보지 않을 때도 스스로 경계하고 바르게 행동하는 자세를 강조하는 말이죠. 당시 사회는 춘추전국시대로, 전쟁과 권모술수가 난무했던 도덕적 무질서의 시대였어요. 서로 예의를 차리지 않으며, 욕망이 앞서던 혼란의 시기였죠. 그래서 유학자들은 외적인 권위나 제도만으로는 인간을 도덕적으로 이끌 수 없으며, 인간 각자의 내면이 바로 서야 사회도 바로 선다고 보았어요. 타인의 감시가 아닌, 자기 안의 기준에서 바르게 살아야 한다는 것이죠.

실제로도 "말하는 대로 이루어진다."라는 자기 확언처럼 스스로 행동을 조심하다 보면 조금씩 더 나은 방향으로 나아가게 돼요. 문제는 스스로를 너무 많이 검열할 때 일어나요. 검열이 내 진짜 감정을 가려 버리고, 일기장에도 거짓말을 쓰게 될 때이죠. 우리가 거짓말을 하는 이유는 단순히 사실을 숨기기 위해서가 아니라 내가 마음속으로 바라고 있는 모습에 스스로를 맞추고 싶기 때문이기도 해요. 거짓말을 해서라도 내가 바라는 모습에 맞추고 싶어지는 거죠. 그래서 오히려 거짓말 속에서 가장 진실한 갈망이 드러날 때도 있어요. 만약 일기에조차 거짓말을 쓰고 싶어진다면, 그때는 잠시 멈춰서 이렇게 물어봐야 해요.

"나는 왜 이 감정을 숨기고 싶었을까?"

"이 뒤에 감춰진 진짜 마음은 뭘까?"
최소한의 철학지식

　　일기의 진짜 가치는 모든 걸 있는 그대로 적는 것이 아니라 내 감정과 생각을 솔직하게 마주하려는 태도에 있어요. 그러니 오늘 하루, 일기장 앞에서 꼭 완벽하게 드러나지 않아도 괜찮으니 조금 더 솔직하게 나에게 다가가 보세요. 질문을 던지는 순간, 우리가 진정으로 바라는 나의 모습에 가까워지는 거니까요.

진실을 인식하는 과정은 두 가지 요소로 구성돼요. 한 가지 요소는 '객관적인 사실 그 자체'이고, 다른 한 가지 요소는 '내가 인식한 내용을 진실로 믿음'이에요. 이에 따르면 어떤 상황을 내가 진실되게 인식한다는 것은 그 '상황과 관련된 객관적인 사실들'을 '내가 진실로 믿는다'는 것을 의미하죠. 그러므로 내가 솔직해지기 위해서는 이 두 요소를 모두 고려해야 해요. 즉 나는 나 자신과 관련된 객관적인 사실을 잘 파악하고, 나아가 그것을 내 모습이라고 진실로 믿어야 한다는 것이죠. 이때 솔직해지기 어려운 마음은 대개 두 번째 요소에서 비롯돼요. 예컨대 나에 관한 객관적 사실을 보고도 '그건 내 모습이 아니야.'라고 부정하기 쉽다는 것이죠. 나 자신에게 솔직해진다는 것은 나 스스로를 있는 그대로 받아들이는 거예요. 그럼 나를 나로서 받아들이기 위해서는 어떤 태도가 필요할까요?

# 3.
## 화가 나면
## 참아야 할까?

한 아이돌이 빵집에 갔는데, 자신 앞에서 빵이 품절되어 다음 빵을 기다렸다가 받게 됐어요. 어쩌면 짜증이 날 수도 있는 상황에서 새로 갓 나온 빵을 받았다며 긍정적인 사고로 전환해 화제가 되었어요. 이후에 이러한 태도에 그 아이돌 이름을 붙여 'OO적 사고'라고 부르는 게 한동안 유행이었죠.

우리는 여러 감정을 느끼며 살아요. 기쁘고 즐거운 일에 웃고, 슬프고 벅찬 마음에 울기도 해요. 상황이 원하는 대로 돌아가지 않거나 안 좋은 말을 들으면 속상하기도 하고, 화가 나기도 하죠. 그런데 우리는 기쁨이나 감사 같은 긍정적인 감정은 쉽게 표현하는 반면, 화나 슬픔 같은 부정적인 감정은 표현을 망설이는 경우가 많아요. 무슨 문제가 생겼을 때 "그래도 긍정적으로 생각해."라는 말을 건네곤 하죠. 마치 감정을 느끼는 것보다 감정을 빨리 없애는 게 중요하다고 여기는 것처럼요.

그래서 우리는 어떨 때는 내 감정이지만 '내가 화를 내는 게 맞는 걸까?' 하고 다른 사람에게 확인 받으려 해요. 우리는 순간순간 느끼는 감정을 표출하며 살아야 하는데, 부정적인 감정 앞에서는 멈칫하게 돼요. 심리학자들은 감정을 억누르지 말고 건강한 방식으로 표출해야 한다고 해요. 화도 다를 게 없어요. 우리가 고민하는 이유는 지금 내가 느끼는 감정을 어떤 방식으로 표출해야 할지 모르기 때문이에요. 화를 표현하는 법을 배우기 전에 먼저 화를 다시 정의하는 게 필요해요. 화는 우리가 살아 있기에 느끼는 감정 중 하나예요. 고대 로마의 철학자 마르쿠스 아우렐리우스는 『명상록(Meditationes)』에서 말했어요.

마르쿠스
아우렐리우스
Marcus Aurelius

**잘못을 저지른 자 역시 나와 같은 인간임을 명심하라.**
**그는 단지 무지한 탓에 일을 벌였을 뿐이다.**
**그들도 나와 마찬가지로 머지 않아 죽게 될 운명이다.**
**이를 깨닫는 순간 깊은 애정이 마음에서부터 우러나와**
**사랑을 베풀 것이다.**

아우렐리우스는 고통, 분노, 인간관계 등을 다루며 자기 절제와 이성을 강조했죠. 모든 판단이 이성적 통제하에 이루어져야 한다고 말하면서요. 자기 성찰을 통한 관용이야말로 진정한 철학적 태도임을 이야기하죠. 나 자신도 완전하지 않은 존재이듯 타인도 불완전하니 실수할 수 있다고 말이에요. 그러니 화가 날 때 타인의 불완전함을 생각하면, 좀 더 너그럽게 이해할 수 있다는 거죠. 고대 로마의 철학자 에픽테토스는 이렇게 말했어요.

에픽테토스
Epiktētos

**사람들을 괴롭히는 것은 사물 그 자체가 아니라 그것에 대한 그들의 판단이다.**

분노는 타인의 행동 자체보다 그에 대한 우리의 해석에서 비롯된다는 말이에요. 화가 난다는 것은 내가 상대에게 바라는 존중, 이해, 관심이 충족되지 않았다는 의미인 거죠. 그래서 섣불리 타인이 나를 존중하지 않는다고 판단하고 화를 내는 거예요. 실은 그렇지 않을 수도 있는데도요. 하지만 화를 내는 이유를 깨닫는 순간 화는 우리에게 자신의 상태를 점검하게 하는 좋은 계기가 될 수 있어요. 여러분도 부모님과 다투고 방문을 쾅! 닫고 방에 들어가 본 적 있을 거예요. 화는 여기서 쾅! 문을 닫는 것과 똑같은 거예요. 화는 '나를 좀 더 이해하고 존중해 줘!'라는 우리 내면의 외침인 거죠.

아우렐리우스가 말했듯이 상대도 완전하지 않아요. 미처 나의 마음을 몰라서 그랬을 수 있어요. 그래서 화를 폭발시키는 것도, 무조건 억누르는 것도 이 상처를 치료하는 방법이 아니에요. 화의 근본적인 원인인 자신의 상처를 인정하고 그것을 솔직하고 부드럽게 표현하는 자세가 필요해요.

아리스토텔레스
Aristoteles

**누구나 화를 낼 수 있고, 화를 내는 것은 쉬운 일이다.**
**하지만 적정한 시간에, 적절한 사람에게,**
**적당한 정도로, 올바른 목적을 위해,**
**바른 방식으로 화를 내는 것은 결코 쉬운 일이 아니다.**

아리스토텔레스가 화에 대해 말한 내용이에요. 순간적인 감정을 표출하는 건 쉽지만 화를 잘 내는 건 어려운 일이라는 뜻이죠. 화를 잘 내려면 어떻게 해야 할까요? 화가 나는 상황에서 감정을 바로 표출하지 말고 심호흡하며 마음을 가라앉혀요. 그다음 스스로 질문하며 화가 난 원인을 찾아요. 감정적으로 동요하지 말고, 문제를 객관적으로 바라보는 거죠. 감정을 파악했다면 원인을 제공한 대상에게 자신의 감정을 솔직하게 전달해요.

우리가 화를 느끼는 순간은 굉장히 다양해요. 화로

뭉뚱그려 표현되는 감정 속에는 아주 다양한 감정이 존재하죠. 이제 화 속에 숨은 감정을 찾아봐요. 그리고 명확히 말하는 거예요.

"선생님의 말이 나를 인정하지 않는 것 같아 속상했어요."
"네가 갑자기 약속을 깼을 때 혼자 남겨진 느낌이 들어 서운했어."
"게임을 하는 건 스트레스를 해소하는 유일한 수단인데, 엄마가 그걸 하지 말라고 하니 답답했어요."

감정을 말로 표현하면 더 잘 전달될 뿐 아니라 서로 마음 상하지 않을 수 있어요. 여기서 더 나아가 화를 다룸으로써 자신을 성찰하고 감정을 정확히 바라보는 연습을 할 수 있어요. 오해가 있다면 대화로 풀고, 잘못한 부분이 있으면 사과하고, 다음부터는 서로 조심하는 거죠. 화를 성숙하게 표현하는 법을 익혀 한 단계 더 성장하는 발판을 마련할 수 있기를 바라요.

감정을 조절하고 상대에게 정확히 전달하기 위해서는 나의 감정에 이름을 붙일 줄 알아야 해요. 감정을 긍정적인 감정과 부정적인 감정으로 나누거나, 차분한 감정과 흥분되는 감정으로 나눌 수도 있어요. 이런 식으로 나의 감정이 어떤 특징을 지니는지 파악해 보면, 그 감정에 이름을 붙이는 게 가능해져요. 여러분은 어떤 감정들을 느끼고 살아가나요? 내가 느낀 감정에 이름을 붙여 보는 연습을 해 보는 건 어떨까요? 이름을 붙여 보았다면, 이제 솔직한 내 감정을 상대에게 전달해 볼까요?

# 4.

## 나쁜 행동을 하면
## 왜 마음이 불편할까?

　　　　　예로부터 동양과 서양 그리고 철학자들부터 일반인
까지 오랜 시간 이어져 온 논쟁이 있어요. 바로 성선설(性善說, 인
간은 본래 선하다)과 성악설(性惡說, 인간은 본래 악하다)이에요. 이
전에 수업에서 학생들을 두 팀으로 나누어 토론한 적이 있어요.
한 학생은 어린아이가 친구를 때리는 영상이나 촉법소년 범죄를
보고 "인간은 악한 본성을 가지고 태어나는 게 분명하다."라고 말
했어요. 다른 학생은 초등학생이 폐지 줍는 할아버지를 도와준 것
을 보여 주며 "인간의 본성은 착하다."라고 주장했죠.

　　　　　중국 고대의 철학자 맹자는 인간은 태어날 때부터
선함을 갖고 태어난다는 성선설을 주장했어요. 그리고 인간이 선

함을 바탕으로 도덕적인 존재가 될 수 있다는 가능성에 대해 생각했죠. 평소 우리의 삶 속에서 이 가능성이 드러나는 순간이 있어요. 바로 잘못된 행동을 한 후 마음의 불편함을 느낄 때예요. 우리는 그 감정을 흔히 '죄책감(Guilt)'이라고 부르죠. 그리고 비슷한 다른 감정도 함께 찾아오곤 해요. 바로 '수치심(Shame)'이에요.

철학적으로 죄책감과 수치심은 서로 다른 감정이에요. 죄책감은 "내가 잘못된 행동을 했다."라는 행동에 대한 평가에서 나오고, 수치심은 "나는 잘못된 사람이다."라는 자기 존재에 대한 평가에서 비롯돼요. 즉, 죄책감은 구체적 행위에 대한 책임감에서 시작되지만, 수치심은 자아 전체에 대한 부정적 평가에서 출발해요.

유교에서는 특히 수치심을 강조했어요. 맹자는 『맹자(孟子)』에서 '수오지심(羞惡之心)', 즉 '잘못된 행동을 부끄러워하는 마음'을 인간의 네 가지 본성 중 하나로 보았어요. 유교 문화권에서는 자기의 행동이나 성취가 자신의 잠재력보다 부족할 때 또는 도덕적으로 옳지 못한 행동을 했을 때 수치심을 느끼는 것이 성숙한 사람의 특징이라고 여겼어요. 수치심이 나를 더 나은 존재로 이끌어 주는 내면의 힘인 거죠.

반면 서양에서는 '수치심'보다 '죄책감'이라는 감정을 더 중요하게 생각했어요. 특히 독일의 철학자 임마누엘 칸트는 죄책감은 도덕적 법칙을 어겼을 때 느끼는 감정이라고 했어요. 죄책감은 내가 지켜야 할 원칙, 도덕적 의무와 원칙을 벗어났을 때 생기는 감정이에요. 죄책감은 구체적인 행동에 대한 반성과 책임을 강조하기 때문에 도덕적 성장과 깊은 관련이 있어요. 임마누엘 칸트는 말했어요.

임마누엘 칸트
Immanuel Kant

**두 가지 것이 마음을 언제나 새롭고
더욱 강하게 감탄과 경외심으로 가득 채운다.
하나는 내 위의 별이 빛나는 하늘이고,
다른 하나는 내 안의 도덕 법칙이다.**

죄책감은 단순히 나쁜 감정이 아니라 내 안에 도덕성이 살아 있다는 증거이며, 우리를 올바른 행동으로 이끄는 내면의 나침반 역할을 하는 감정이에요.

"친구의 비밀을 실수로 다른 친구에게 말했어."
"수업 시간에 선생님 질문에 틀린 대답을 했어."
"수행평가가 너무 어려워서 인터넷에 있는 정보를 그대로 베껴서 제출했어."

위의 상황들처럼, 내가 한 행동에 죄책감이나 수치심을 느끼는 경우가 있어요. 이 감정들을 외면하고 싶을 수도 있죠. 하지만 죄책감과 수치심을 느낀다는 것 자체가 우리가 더 나은 사람이 되고 싶어 한다는 뜻이에요. 그럴 땐 자신의 행동을 돌이켜 보고, 다시는 그러지 않겠다고 반성하면 돼요. 앞으로 조심하면 되는 거예요.

인터넷 밈 중에 이런 말이 있어요. "한 집단 내에 빌런이 없다면 내가 빌런인 것이다." 그리고 이어지는 말이 있어요. "하지만 내가 빌런인 걸 안다면, 진짜 빌런은 아니다." 실수나 잘못을 깨닫는 것 자체가 도덕적 변화의 출발점이라는 말이에요. 죄책감과 수치심 때문에 자신을 포기하는 일은 절대 있어선 안 돼요. 여러분 안에 있는 내면의 기준과 도덕적 감수성을 믿고, 실수하더라도 다시 돌아올 수 있는 용기를 가져 보세요. 그게 바로 진짜 어른이 되어 가는 첫걸음이니까요.

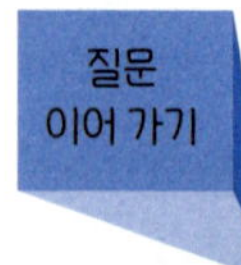


수치심이라는 감정이 자기 자신에 관한 부정적 평가로부터 출발한다는 것을 고려해 보면, 수치심을 느끼는 사람은 자기 자신을 평가할 때 나름대로의 기준을 가지고 있다는 말이기도 해요. 그런데 만약 자신에 대한 평가 기준을 너무 높게 설정한 사람이 있다면, 그 사람은 그 기준에 도달하기 전까지 항상 수치심을 느끼게 될까요? 만약 수치심을 항상 느낀다면, 자기 자신을 좀 더 쉽게 포기하게 되지 않을까요? 이번에는 반대로 자신에 대한 평가 기준을 너무 낮게 설정한 사람이 있다면, 그 사람은 평생 수치심을 느끼지 않는 사람이 될까요? 만약 평생 수치심을 느끼지 않는다면, 그 사람의 인생은 어떤 모습일까요?

# 5.

## 왜 잘되라고 하는 소리도
## 잔소리처럼 들릴까?

"너는 말을 참 잘하는데, 조금만 짧게 말하면 더 좋을 것
같아."

이 말을 들으면 어떤 기분이 들 것 같은가요? 이전
에 한 강의에서 돌아가면서 발표를 시키고 피드백을 주고받게 한
적이 있어요. 처음에는 피드백을 주라고 해도 아무도 말을 꺼내지
않았어요. 피드백을 들으려고 서 있는 학생은 표정부터 안 좋아졌
죠. 싫은 소리를 하는 것도, 듣는 것도 익숙지 않았기 때문이에요.
하지만 강의가 반복될수록 한 명, 두 명 피드백을 건네기 시작했
어요. 앞서 언급한 문장처럼 잘한 점을 언급하고, 개선할 점을 말

하는 방식이었죠. 앞의 문장에서 쉼표 전까지만 들으면 기분 상할 일도 없고, 수업도 화기애애하고 좋을 거예요. 대신 발표한 사람은 자신이 장황하게 말하는 편이라는 사실을 알지 못하겠죠.

싫은 소리를 듣기 싫은 건 당연해요. 내가 잘못한 일인데도 누가 "그건 네가 잘못했어."라고 하면 받아들이기 쉽지 않죠. 본능적으로 기분이 상해요. 그 말이 내가 완벽하지 않다는 사실을 드러내기 때문이에요. 그런데 바로 그 불쾌한 순간이 나를 성장시킬 때가 있습니다. 이탈리아의 철학자 니콜로 마키아벨리는 이렇게 말했어요.

니콜로
마키아벨리
Niccolò Machiavelli

**모든 군주는 아첨꾼으로부터
자신을 지켜야 한다.**

그가 이 말을 쓴 시대의 이탈리아는 로마 제국의 영광이 사라지고, 바티칸 교황령, 나폴리 왕국, 밀라노 공국 등으로 분할되더니 프랑스, 스페인의 지배를 받게 된 때였어요. 마키아벨리는 자신의 조국 이탈리아에 강력한 군주가 나타나 혼란한 나라를 바로 세우길 바라는 마음으로 『군주론(Il Principe)』을 쓰죠. 여기에서 말하는 강력한 군주는 신민과 소통하는 방식이 남달라요. 군주는 아첨꾼에 둘러싸여서는 안 된다고 말해요. 불편한 진실이

나라를 살릴 수 있기 때문이죠.

역사에서나 현재에서나 아첨꾼에 둘러싸인 군주가 많죠. 그 이유는 단순해요. 쓴소리를 들으면 화를 내기 때문이에요. 자연스럽게 주변에서는 눈치를 보게 되고, 옳은 말보다는 듣기 좋은 말만 하게 되죠. 벌거벗은 임금님이 되는 거예요. 우리도 비슷해요. 주변에서 좋은 말만 해 주면 기분은 좋지만, 잘못된 행동을 고칠 기회를 잃을 수도 있죠.

바뤼흐 스피노자
Baruch Spinoza

**감정을 이해하는 순간,**

**그것은 더 이상 우리를 지배하지 않는다.**

네덜란드의 철학자 바뤼흐 스피노자는 이렇게 말했어요. 감정에 휩쓸리지 말고, 그 말 속에 담긴 이유와 진심을 이해하려는 태도가 필요하다는 뜻이에요. 그냥 내가 싫어서 싫은 소리를 하는 경우도 있지만 내가 더 나은 사람이 되길 바라는 마음에서 싫은 소리를 하는 경우도 있거든요. 누군가가 내게 싫은 말을 한다면, 그것이 단순한 비난인지 아니면 나의 성장에 도움이 되는 비판인지 구분해 보세요. 비난에는 분노만 있지만 비판에는 이유와 근거 그리고 진심이 담겨 있거든요. 당장 드는 불쾌함이나 싫은 감정을 잠시 뒤로 미루고 이유와 근거에 집중해 보는 거예요.

어쩌면 친구에게 싫은 소리를 해야 하는 상황이 올 수도 있어요. 이럴 때를 위해 마키아벨리는 또 하나의 솔루션을 남겼어요. 바로 쓴소리를 듣는 것은 중요하지만, 아무 때나 자신들이 편한 시간에 할 말, 안 할 말을 다 하고 가는 것을 허용해서는 안 된다는 거예요. 비판에도 예의와 맥락이 필요하다는 뜻이죠. 일상에서도 마찬가지예요.

친구에게 솔직한 말을 해야 할 때는 분위기와 상황을 살피고, 진심을 담아 말하면 훨씬 부드럽게 전달될 거예요. 상대도 방어 대신 이해로 반응할 테고요. 누군가 내게 건네는 불편한 말이 나를 작게 만드는 게 아니라 더 단단하게 만드는 말일지도 몰라요. 쓰지만 몸에 좋은 약을 삼키듯 쓴소리도 한번 삼켜 내보세요.

　　　종종 어른들이 어린 시절 듣던 잔소리가 그립다고 말하는 걸 들어 본 적이 있나요? 아마 잔소리를 들을 때마다 스트레스를 받는 지금은 그 말이 이해하기 어려울 거예요. 사실 어른들도 잔소리를 듣기 싫어하죠. 그런데 왜 어른들은 어린 시절의 잔소리를 그립다고 말하는 걸까요? 실제로 '그 잔소리'가 그립다는 말이라기보다는 다른 두 가지의 의미가 담겨 있는 듯해요. 하나는 잔소리를 듣던 '그 시절'이 그립다는 의미로, 다른 하나는 내게 잔소리를 해 주던 '그 사람'이 그립다는 의미로 이해할 수 있죠. 그리고 종종 부모님이 하는 잔소리는 듣기 싫은데, 친구가 하는 잔소리는 귀를 기울이게 되지 않나요? 어쩌면 말의 내용 자체보다도 그 말을 하는 사람이 누구냐에 따라 싫은 소리로 느껴질지도 몰라요. 여러분은 잔소리의 내용이 싫은 건가요? 아니면 잔소리를 하는 사람이 싫은 건가요?

## 3장

학교 안에서:

# 익숙한 일상에 질문하기

# 1.
# 연애와 공부,
# 둘 다 잘할 순 없을까?

초등학교 5학년부터 고등학교 2학년까지 총 900명의 청소년을 대상으로 설문 조사한 결과 50.3%의 청소년이 연애 경험이 있으며, 이 중 26.5%는 현재 연애 중이라고 응답했어요. 설문 조사 결과를 보면서 생각보다 많은 청소년들이 연애 경험이 있어서 놀랐어요. 하지만 연애의 자유가 있는 것도 고등학교 2학년까지일 거예요. 본격적으로 대학 입시를 준비하는 고등학교 3학년이 되면 이런 잔소리가 들릴 거거든요.

"연애는 대학 가서 해."

잔소리를 듣는다고 있던 감정이 사라지는 것도 아니고, 대학에 간다고 갑자기 애인이 나타나는 것도 아닌데 어딘가 웃긴 잔소리죠. 그러면 반발심이 생겨요. "연애한다고 공부 못 하는 거 아니거든요!" 맞아요. 연애하면서 공부할 수 있죠. 스터디 카페에 가서 함께 공부하면서 데이트를 할 수도 있고, 시험 점수 내기를 하면서 공부 메이트가 될 수도 있죠. 그런데 사랑하는 사람을 옆에 두고 공부에 집중이 된다면, 그걸 진짜 사랑이라고 할 수 있을까요? 반대로 공부해야 하는 상황인데 사랑이 공부를 방해한다면, 그걸 진짜 사랑이라고 할 수 있을까요? 우리는 또 딜레마에 빠지게 돼요. 정말 연애와 공부는 같이 할 수 없는 걸까요?

우리는 먼저 누군가를 좋아하고 사랑하는 감정이 무엇인지 생각해 보아야 해요. 사랑은 무엇일까요? 고대 그리스의 철학자 플라톤은 『향연(Symposium)』에서 사랑의 본질은 결핍에서 온다고 했어요. 사랑은 나에게 결핍된 무언가를 채우려는 욕망이라는 거예요. 여기서 결핍된 무언가는 영원성이에요. 우리가 언젠가 세상에서 사라질 존재이기 때문에 무언가를 남겨 영원히 존재하고 싶다는 거죠. 독일의 철학자 에리히 프롬은 이렇게 말했어요.

에리히 프롬<br>Erich Fromm

**사랑은 수동적인 감정이 아니라 활동이다.**

**사랑은 '참여하는 것'이지 '빠지는 것'이 아니다.**

프롬은 이러한 실존적 고독의 유일한 해결책이 인간과의 합일, 바로 사랑이라고 했어요. 그리고 사랑이 수동적인 감정이 아니라 적극적인 활동이라고 말하며, 자기 자신 속에 살아 있는 것을 주는 것 자체가 기쁨이라고 했죠. 다시 말해서, 사랑은 단순히 누군가를 가지려는 게 아니라 내 안에 있는 좋은 것을 나누는 거예요. 예를 들어, 친구가 힘들어할 때 "괜찮아?"하고 진심으로 물어봐 주는 것, 내가 아끼는 간식을 나누어 주는 것, 혹은 상대가 좋아하는 음악을 같이 들어 주는 것 모두 사랑의 모습이에요. 이때 중요한 건 거창한 선물이나 보상이 아니라 내가 가진 따뜻한 마음이나 관심을 내어 주는 거죠. 프롬은 바로 이런 순간에 우리가 외로움에서 벗어나고, 더 자유롭고 풍요로워진다고 말해요. 사랑을 하면 상대에게 신경 쓰는 건 자연스러운 일이고 우릴 더 풍요롭게 만든다는 것이죠. 그렇다면 역시 공부에 집중하려면 연애는 하지 않는 게 맞을까요?

스피노자는 감정을 두 가지로 나누었어요. 외부 원인에 의해 영향을 받는 수동적 감정과 이성을 통해 합리적 판단에 따라 행동하는 능동적 감정이죠. 누군가의 말에 화가 나거나 좋아하는 사람의 반응에 하루 종일 기분이 오르내리는 건 모두 수동적 상태예요. 즉, 감정의 주인이 상대인 상황이죠. 이 관점을 사랑에 적용해 보면, 연애 자체가 공부를 방해하는 것이 아니라 수동적 연애가 공부를 흐트러뜨리는 것이라는 결론이 나와요. 감정을 어떻게 다루느냐가 중요하다는 거죠.

연애를 하면서 공부에 집중하려면 연애의 방식부터 달라져야 해요. 서로를 방해하는 관계가 아니라 서로의 목표를 지켜 주는 관계가 되어야 하죠. 함께 공부하는 메이트가 되거나 좋은 경쟁자가 되는 관계 말이에요. 연애 자체가 문제가 되는 게 아니에요. 좋은 사람을 만나 서로에게 긍정적인 에너지를 주고받는다면 오히려 성장에 도움이 돼요. 단, 감정에 끌려다니지 않도록 하루의 리듬을 스스로 정해 두는 것이 중요해요. 공부하는 시간, 휴식 시간, 연락하는 시간 등을 정해 두면 해야 할 일을 마친 뒤 마음 편하게 연인과 시간을 보낼 수 있어요. 플라톤은 이렇게 말했어요.

플라톤Platon  **절제는 이성의 명령에 복종하는 영혼의 상태이다.**

사랑도 마찬가지예요. 감정이 나를 끌고 다니는 수동적인 사랑이 아니라, 이성이 방향을 잡고 감정이 그 판단을 따라가는 절제된 사랑이 필요해요. 그래야 공부도, 사랑도 둘 다 놓치지 않을 수 있죠.

학창 시절은 인생에서 딱 한 번뿐이에요. 학교를 배경으로 연애하는 것도 학생일 때만 가능한 일이죠. 저는 학창 시절에 연애해 보는 것을 권하고 싶어요. 다만 감정에 휩쓸려 마땅히 해야 할 일을 지나치는 연애가 아닌, 함께 성장하는 연애를 했으면 좋겠어요.

　　사랑은 감정일까요? 아니면 태도일까요? 만약 사랑이 감정이라면 억지로 노력하지 않아도 기쁨을 느낄 수 있겠죠. 하지만 솟아오르는 감정을 조절하거나 통제하기란 쉽지 않을 거예요. 만약 사랑이 태도라면, 상대를 향한 감정에 휘둘리지는 않겠지만 꾸준히 실천해야 하기 때문에 피로감이 있을 수 있어요. 사랑을 감정으로 이해하는 것과 태도로 이해하는 것, 둘 중 어떤 이해가 함께 성장하는 연애에 도움이 된다고 생각하나요?

# 2.

## 쓰지도 않을 수학 공식을
## 왜 배워야 할까?

　　"어려운 수학 공식들, 어른이 되면 정말 쓸 일이 있을까?" 수학을 공부하면서 이런 생각을 한 번쯤 해 본 적 있으신가요? 학생들은 종종 이렇게 말하곤 해요. "실생활에서 인수분해를 쓰는 일이 뭐가 있어요? 루트나 로그 같은 건 졸업하자마자 다 잊어버릴 거예요." 그 말, 어쩌면 절반은 맞고 절반은 틀렸어요. 여러분이 어른이 되면 직접 공식을 종이에 쓰지는 않을 수 있어요. 하지만 수학적 사고는 남아 있죠.

　　"수학은 문제 해결 능력을 키워 주는 학문이다."라는 말이 있어요. 수학 문제를 풀려면 주어진 조건에서 불필요한 정보는 걸러 내고, 필요한 정보를 바탕으로 단계별로 생각을 전개

하는 능력이 필요해요.

> "편의점에 들렀다가 친구네 집에 가려고 한다.
>
> 편의점까지 시속 1km로 걸어가서……."

거리를 구하는 문제를 풀 때, 말로 풀어진 지문을 이해하고, 어떤 걸 $x$값으로 둘 건지 포착해서 답을 찾아가야 하죠. "이 상황에서 어떤 관계가 성립하지?", "어디서 모순이 생겼을까?", "더 간단한 방식은 없을까?" 이처럼 우리는 수학 문제를 푸는 과정에서 자연스럽게 논리적 사고를 배워요. 정확하게 사고하고, 가정하고, 검토하고, 논증한다는 면에서 철학자들의 사고방식과도 유사하죠.

피타고라스
Pythagoras

## 만물의 근원은 수이다.

고대 그리스의 철학자 피타고라스는 세상의 모든 현상과 본질이 '수'로 표현될 수 있다고 믿었어요. 단순한 숫자를 말하는 게 아니에요. 예를 들어, 음악의 화음도 일정한 수의 비율로 설명되고, 별의 운동도 수학적 규칙을 따른다고 보았죠. 또 꽃잎의 배열도요. 예시를 현대로 끌고 오면 우리가 손에서 놓지 못하는 스마트폰의 작동 원리도 수학으로 계산되고요. 교통신호의 간격, 심지어 SNS 알고리즘까지도 수학적 계산 위에서 돌아가죠.

수학은 단지 시험을 위한 과목이 아니에요. 수학을 공부하면서 우리는 철학적 사고의 토대를 다지는 거죠. 수학이 인생의 모든 문제에 해답을 주지는 않아요. 하지만 문제에 접근하는 방식과 기준, 합리적인 판단이 무엇인지 가르쳐 줘요.

그리고 사실 수학은 일상생활에서도 많이 쓰여요. 24개의 사과를 상자에 똑같이 나눠 담을 때 $6 \times 4$ 또는 $3 \times 8$로 나누는 과정도 인수분해와 같은 사고가 적용된 거예요. 또 약속 출발 시간을 정할 때도 수학을 이용하죠. 평소 걸음걸이로 역까지 10분 정도 걸리고 지하철로 약속 장소까지 1시간 걸리니 여유 시간 10분을 잡고 1시간 20분 전에 나가자고 생각하는 것도 모두 수학이에요.

여기서 중요한 건 우리가 어려운 수학 문제와 공식을 배웠기 때문에 이런 단순한 계산이 훨씬 자연스럽게 가능하다는 점이에요. 학교에서 배우는 복잡한 공식들은 일상 속 문제를 단순하게 풀 수 있는 힘을 길러 주는 훈련이죠. 물론 공식은 시간이 지나면 까먹을 수 있어요. 하지만 체화된 사고력은 남아 있죠. 그러니 어려운 수학을 배울 때, '이걸 어디에 쓰지?'라는 의문 대신 언젠가는 나에게 도움이 될 거라고 생각했으면 좋겠어요.

수학이 하나의 언어라는 말을 이해하기 위해서는 언어라는 기호체계에 관한 이해도 필요해요. 여러분에게 누군가 의자를 가리키면서 "이건 무엇인가요?"라고 묻는다면, 어떻게 대답할 건가요? 이에 답하기 위해서는 적어도 세 단계의 사고 과정을 거쳐야 해요. 첫 번째는 질문의 의미를 이해해야 하고, 두 번째는 그 질문의 의미에 부합하는 답을 찾아내야 해요. 세 번째는 그 답을 상대에게 전달하는 적절한 수단을 떠올려야 하죠. 이 세 단계의 사고 과정은 수학을 공부할 때도 동일하게 적용돼요. 여러분은 수학이 하나의 언어라는 관점에 동의하시나요? 만약 아니라면, 언어와 수학에 어떤 차이점이 있는 것 같나요?

# 3.
# 시험으로 사람을
# 판단하는 게 맞을까?

어른이 되고 학창 시절을 떠올리면 기억에 남는 순간 중 하나는 아마 수능일 거예요. 끝나지 않을 것 같던 초등학교 6년이 지나면 중학교 3년은 순식간에 지나가고 정신 차려 보면 대학 입시 원서를 쓰고 있죠. 수능은 학생뿐만 아니라 전 국민에게 큰 행사예요. 학생들이 그동안 배운 것들을 마무리하고 성인으로서 새로운 나날로 나아가는 시작이기 때문에 모두가 한마음으로 응원하게 되죠.

하지만 때로는 이런 기대와 응원이 부담으로 다가오기도 하죠. 수능을 잘 봤다면 설렘과 기대가 크겠지만, 그렇지 않은 경우엔 깊은 좌절에 빠지기도 해요. 때로는 그 좌절이 너무 커서 극단적인 선택으로 이어지는 안타까운 소식도 들려오고는 하죠. 우리는 "수능이 인생의 전부는 아니다."라고 말하지만, 수능을 보는 학생들에게는 수능이 인생의 전부처럼 느껴지는 게 현실이에요.

시험은 짧은 시간 안에 많은 사람을 평가할 수 있는 방법이에요. 전국의 모든 학생을 직접 살펴보고, 각자의 성격이나 노력까지 객관적으로 판단해 비교하는 건 사실상 불가능하니, 시험을 활용하는 이유도 이해할 수 있죠. 그런데 이 방식 뒤에는 하나의 무서운 전제가 숨어 있어요. 바로 "시험 점수가 높을수록 더 좋은 사람이다."라는 생각이에요. 이 전제가 자연스럽게 굳어지면, 시험 점수로 사람의 가치까지 판단하게 되는 위험이 생겨요.

그런데 여러분, 정말 그렇게 생각하시나요? 시험은 단지 공부한 내용을 시험에서 얼마나 잘 꺼내 쓸 수 있는지를 평가할 뿐이에요. 문제를 푸는 속도나 시험장에서의 집중력, 그날의 컨디션이 결과에 영향을 주기도 하죠. 또 수능 점수가 낮다고 해서 그 사람이 가진 가치가 낮다는 것도 아니에요. 사람들은 각자 다른 재능을 가지고 있어요. 어떤 친구는 수학을 잘하고, 어떤 친구는 그림을 잘 그리고, 어떤 친구는 다른 사람의 마음을 잘 알아차려요. 시험 성적에는 이처럼 그 사람이 어떤 성격을 가진 사람인지까지 포함하고 있지 않아요.

시험 점수만으로는 그 사람이 어떤 마음을 가지고 어떻게 살아가는지 알 수 없어요. 때로는 결과보다 과정이 중요할 때도 있죠. 예를 들어, 같은 점수를 받은 친구 둘이 있다고 해요. 한 명은 지난 시험보다 좋은 점수를 받기 위해 매일 새벽까지 공부했고, 다른 한 명은 평소 실력대로 시험을 치렀어요. 둘의 점수는 동일했죠. 그렇다면 두 사람에게 그 점수는 동일한 가치를 가질까요? 동일한 점수라고 해도 매일 새벽까지 공부한 친구에게 더 값진 결과처럼 느껴질 수도 있어요. 미국의 사회학자 윌리엄 캐머런은 말했어요.

윌리엄 캐머런
William Cameron

**셀 수 있는 것이 모두 가치 있는 건 아니며,
가치 있는 것이 모두 셀 수 있는 건 아니다.**

수능은 분명 의미 있는 시험인 건 맞아요. 대학 입학의 중요한 기준이 되고, 자신이 공부한 것을 점검하는 기회이기도 하죠. 하지만 그것이 '전부'는 아니에요. 수능 점수로는 절대 측정할 수 없는 능력과 가치가 있어요. 혹시 기대한 만큼 점수가 나오지 않았더라도 그것이 여러분이 가진 모든 가치를 평가하는 건 아니에요. 수능은 하나의 과정이고, 이후에도 여러분의 삶은 계속 이어지니까요. 수능은 전국에 있는 아이들을 비교할 수 있는 공통

된 평가 중 하나예요. 하지만 우리는 공통 잣대로 평가할 수 없는 다양한 가치를 가지고 있죠. 그러니 너무 걱정하지 말고, 나만의 길을 찾아가면 돼요. 중요한 건 점수가 아니라 어떤 사람이 되어 가고 있는지예요.

　　본래 시험은 일종의 평가이고, '평가'란 학습한 내용을 얼마나 이해하고 습득했는지 점검하는 과정이에요. 하지만 수능은 우수한 학생을 선발하기 위한 시험 제도로만 이해되고 있죠. 그리고 대학은 연구를 위한 일정 수준의 수학 능력을 요구하기 때문에, 그 능력을 갖춘 학생들을 선발하고 싶어 해요. 이 때문에 대학은 수능을 학생 선발의 중요한 기준 중 하나로 활용하고 있는 것이죠. 하지만 아쉽게도 대학이 정말로 알고 싶어 하는 학생의 수학 능력은 특정 과목에 편중된 시험 점수로만 제한적으로 파악될 뿐이에요. 그렇다면 여기서 세 가지 질문을 던져 볼 수 있어요.

　　첫 번째, 특정 과목에 제한된 시험 점수만으로 대학이 원하는 인재를 선발할 수 있을까요?

　　두 번째, 내가 되고 싶은 사람이란 대학이 원하는 인재가 되는 것인가요?

　　세 번째, 내가 어떤 사람이 되어 가고 있는지 점검하기 위해서는 어떤 평가가 필요할까요? 혹은 평가가 필요하긴 한가요?

# 4.

# 혼자가 더 편한데,
# 조별과제를 왜 해야 할까?

강의를 하다 보면 학생들이 조별 과제를 힘들어한다는 이야기를 많이 들어요. 심지어 어떤 학생이 "교수님들도 조별 과제를 해 봐야 한다!"라고 주장하는 글도 보았죠. "사공이 많으면 배가 산으로 간다."라는 속담 들어 보셨나요? 한 가지 일에 여러 사람이 의견을 내면 일이 엉뚱하게 흐를 때도 있다는 의미예요. 일을 함께 하면 각자 맡은 부분에 더 집중할 수 있을 것 같고, 더 좋은 결과가 나올 것 같은데 신기하죠. 그렇다면 선생님들은 속담도 알고, 학생들이 조별 과제를 힘들어한다는 걸 알면서 왜 조별 과제를 시키는 걸까요? 그건 함께 해야 하는 순간이 언젠가 반드시 오기 때문이에요.

혼자 하는 과제는 내가 속도와 방향을 모두 조절할 수 있어서 편하죠. 일정도 스스로 조절하고, 조사해 오는 자료의 깊이도, 분량도 모두 나를 기준으로 하니까요. 하지만 아프리카에는 이런 속담이 있어요. "빨리 가려면 혼자 가라. 멀리 가려면 같이 가라." 혼자 하는 과제가 자기 관리와 집중력을 키운다면 조별 과제는 협력, 의사소통, 책임감 같은 사회적 지능을 키우는 연습이에요. 세상을 혼자 살아갈 수 있다면 좋겠지만, 안타깝게도 세상에 있는 거의 모든 작업은 혼자서 할 수 없는 일들로 이루어져 있어요. 현재 우리 사회에서도 의사와 간호사, 건축가와 시공자, 유튜버와 촬영자, 엔지니어와 설계자 등등 대부분 팀으로 움직여요. 조별 과제는 사회에 나가기 전 다른 사람들과 함께 일하는 법을 배우는 작은 연습이에요.

## 장자莊子    도가 없는 곳은 없다.

『장자(莊子)』에 나오는 도척 이야기를 해 볼게요. 도척은 중국 춘추전국시대 전설에 나오는 악명 높은 도적 두목이에요. 도적도 무리를 지어 조별 과제를 했던 거죠. 어느 날은 부하가 "우리 같은 도둑에게도 도리가 있나요?"라고 묻자, 도척이 이렇게 답했다고 해요.

"도가 없는 곳이 어디 있겠느냐. 큰 도둑이 되려면 먼저 방 안에 값진 물건이 어디 있는지 단번에 알아내야 하는데 이것인 바로 거룩할 성(聖)이요, 도둑질을 시작할 때 앞장서는 건 용기 용(勇), 훔친 뒤 맨 마지막에 나오는 건 의로울 의(義), 상황을 읽어 성공을 예측하는 건 지혜로울 지(智)이다. 그리고 마지막으로 훔친 것을 고루 나누는 건 어질 인(仁)이다."

용기도, 의로움도, 어짐까지는 이해해도 거룩한 게 값진 물건을 알아보는 것과 무슨 상관인가 의아해 할 수도 있을 것 같아요. 거룩할 성(聖)은 상황을 파악하는 능력이에요. '성'의 한자를 살펴보면 '귀 이'와 '입 구', '임금 왕' 자가 있어요. 잘 듣고 잘 말하며 옳게 다스린다는 의미가 있어요.

이 이야기는 오늘날 우리의 조별 과제에도 적용할 수 있어요. 조별 과제를 시작하면 먼저 전체 상황과 역할을 파악하는 '성'이 필요하죠. 그리고 서로 머뭇거릴 때 나서서 과제를 진행시킬 '용'도 필요해요. 또 자료 방향이 잘못됐을 때 해결할 수 있는 '지'도 필요하고, 맡은 일을 기한 내에 책임지고 끝내는 '의', 결과를 함께 나누는 '인'도 필요하죠.

이 중에서도 '인'을 강조하고 싶어요. "혼자가 편한

데 왜 조별 과제를 해야 하나요?"라는 질문은 팀에서 누군가 할 일을 제대로 하지 않아 다른 사람이 고생해서 나온 말일 가능성이 크다는 걸 알기 때문이죠. 각자 할 일을 분배했는데 누구는 열심히 준비하고, 누구는 약속한 날까지 준비를 안 해 오는 경우도 많죠. 한 사람이 역할을 제대로 수행하지 않으면 다른 사람이 피해 보게 되는 거죠.

도척은 도둑끼리도 훔친 것을 고루 나누어야 한다고 했죠. 조별 과제도 마찬가지예요. 내가 맡은 일을 제대로 하지 않으면, 그 빈자리를 메우느라 다른 누군가가 더 고생하게 돼요. 반대로 내가 조금 더 힘을 내면, 팀 전체가 수월하게 과제를 할 수 있어요.

결국 '인'의 마음은 단순히 착한 마음이 아니라 함께하는 사람들에게 피해를 주지 않겠다는 책임감인 거예요. 조별 과제를 할 때 성과도 중요하지만, 그보다 먼저 이 책임감을 잊지 않았으면 해요. 다만, 책임감이 있다고 해서 다른 사람이 맡은 일을 하지 않았을 때 모든 부담을 혼자 떠안는 것도 좋은 방법은 아니에요. 그럴 때는 갈등이 있더라도 피하지 말고, 부딪히고, 대화로 풀어 보는 게 필요하죠. 어떤 방식이 나와 팀에 맞는지 찾는 것도 조별 과제에서 배울 수 있는 중요한 기회예요.

　　데이비드 흄은 두 명 이상이 함께 동업할 때는 두 가지 관계만 나타난다고 보았어요. 첫 번째 관계는 '경쟁 관계'로 상대의 행복이 나의 고통으로 나타나요. 두 번째 관계는 '협력 관계'로 상대의 행복이 나의 행복으로 나타나죠. 이 두 관계의 차이는 협동 과제를 수행하는 동료를 내가 어떻게 대할 것인지에 있어요. 조별 과제도 마찬가지예요. 조별 과제를 함께 하는 조원은 나의 협력자인가요, 아니면 경쟁자인가요?

# 5.

## 학교 규칙은 학생들의 자유를
## 빼앗는 거 아닐까?

학교에 다니면 지켜야 할 규칙들이 많죠. 등교 시간도 정해져 있고, 복장도 정해져 있고, 두발 제한이 있는 학교도 있죠. 그래서 불만을 가지는 학생들도 많이 보았어요.

"치마 대신 바지 입고 싶어요."
"머리랑 공부랑 무슨 상관이죠?"
"이 규칙, 꼭 지켜야 하나요?"

누구나 한 번쯤 규칙에 불만을 가져 봤을 거예요. 옷이랑 공부랑 무슨 상관인가 싶고, 화장하는 게 큰일인가 싶고 말이죠. 규칙을 지켜야 할 이유보다 지키지 않아도 될 이유가 더 많이 떠오를 거예요. 자유롭게 학교생활을 하면 좋을 것 같지만, 규칙이 전혀 없는 학교를 상상해 보세요. 수업은 흐트러질 거예요. 급식 순서 가지고도 싸움이 날 수 있겠죠. 영국의 철학자 토머스 홉스는 '규칙이 사라지면 인간은 어떻게 될까?'라는 상상을 했어요. 그리고 『리바이어던(Leviathan)』에서 이렇게 말했죠.

**토머스 홉스**  **자연 상태란 만인의 만인에 대한 투쟁 상태이다.**
Thomas Hobbes

홉스가 상상한 자연 상태란 규칙이 없는 세상을 말하는 거예요. 그 상태에서는 서로를 통제할 권위가 없어, 자신의 이익만을 위해 행동하고 필연적으로 갈등이 발생한다고 봤어요. 규칙이 없는 세상은 모두가 자유롭게 행동하지만, 그 자유가 서로를 해치고 빼앗는 상태가 된다는 뜻이에요. 이런 상상을 영화로 만든 것도 있어요. 2013년에 개봉한 「더 퍼지」라는 영화지요. 이 영화는 1년 중 단 하루, 범죄가 허용되는 날에 벌어지는 이야기예요. 공권력으로 정하고 금지했던 규칙들이 사라진 세상을 보여 주죠. 그래서 사람들은 자신의 자유 일부를 내어 주고, 규칙에 동의하며 평화를 선택해요. 학교 규칙도 똑같아요. 규칙은 누군가를 통제하기 위한 수단이 아니라 모두의 자유를 지키기 위한 약속이에요.

　　그렇다면 규칙에 불만이 생길 땐 어떻게 해야 할까요? 무조건 어기면 될까요? 아니에요. 규칙을 바꾸고 싶다면 먼저 규칙을 잘 알아야 해요. 그 규칙을 지켜보는 것이 선행돼야 해요. 왜냐하면 정해진 규칙을 성실히 지켜본 사람만이 그 한계를 정확히 느끼고, 더 나은 대안을 제시할 수 있기 때문이에요. 규칙을 바꾸자고 주장할 때도 마찬가지죠. 평소 규칙을 무시하던 사람보다 성실히 지켰던 사람의 의견이 더 설득력을 얻는 이유예요. 프랑스의 철학자 장 자크 루소는 말했어요.

장 자크 루소
Jean Jacques
Rousseau

**인간은 자유롭게 태어났으나,
어디에서나 사슬에 묶여 있다.**

　　사회 속에서 우리는 늘 규칙과 약속에 묶여 있다는 의미예요. 하지만 그 사슬을 어떻게 바꿀지는 그 사슬의 무게를 잘 아는 사람이 고민할 수 있어요. 그렇다면 우리는 마음에 들지 않는 규칙을 지키면서 살 수밖에 없는 걸까요? 그건 아니에요. 루소는 사람들이 자연 상태에서 자유롭게 살지만, 생존과 안전을 위해 서로 사회계약을 맺는다고 했어요. 이 계약을 통해 개인의 자유 일부를 공동체에 양도하고, 그 대가로 공동체는 모든 사람의 자유와 안전을 보장해 줘요. 이때 만들어지는 법은 계약 당사자 모두가 동의한 것이어야 하며, 그럴 때만 정당성과 구속력이 생겨요. 규칙은 강제력만으로 유지되는 것이 아니라 구성원의 동의로 유지된다는 것이죠.

학교 규칙도 마찬가지예요. 교사와 학생이 함께 머리를 맞대고, 의견을 나누며 만드는 것이 바람직해요. 학생이 규칙 제정 과정에 참여할수록 불만은 줄고, 규칙을 지키려는 마음도 커질 거예요. 하지만 현실적으로 힘들기 때문에 학교에서 규칙을 먼저 정하고, 학생들이 지키도록 하는 거예요.

규칙은 절대적인 것이 아니에요. 시대와 상황에 따라 바뀔 수도 있죠. 중요한 것은 규칙을 지키려는 마음과 필요할 때 더 나은 방향으로 바뀌려는 노력이에요. 그럴 때 우리는 규칙을 깨는 것이 아니라 발전시키는 것이라고 말할 수 있죠.

사회계약론을 주장했던 홉스는 사회를 세우기 위해서는 그 사회의 질서를 유지하는 규칙에 동의해야 한다고 했어요. 그 규칙 중에는 '이기적으로 행동하지 않기'와 '이기적으로 행동한다면 처벌받기'가 포함돼요. 그런데 어떤 사람이 이기적으로 행동하면서도 처벌받지 않는 방법을 알아냈다고 가정해 보죠. 여러분이라면 이기적으로 행동할 건가요? 만약 그렇다면 그 이유는 무엇인가요? 혹은 그렇지 않다면 그 이유는 무엇인가요?

## 4장

책상 앞에서:

# 미래에
# 한 걸음
# 다가가기

# 1.
# 내 생각이
# 진짜 내 생각일까?

"저는 음악을 좋아해요. 그래서 나중에 음악을 만드는 사람이 되고 싶어요. 하지만 부모님은 음악은 취미로 하고, 공무원이 되래요. 안정적이라고……. 제 인생인데, 제가 좋아하는 일을 하면 안 되는 건가요?"

내가 하고 싶은 일과 부모님이 나에게 바라는 일이 다를 때 이런 고민이 생기죠. 부모님의 걱정과 사랑은 이해해요. 누구나 자녀가 안정적인 직업을 갖고, 생활에 어려움이 없기를 바라니까요. 하지만 그 기대가 때로는 내가 선택하려는 전공이나 직업의 길을 막는 이유가 되기도 해요. 그러다 언성이 높아져 말다

툼을 하고, 이후에는 '부모님 말을 들어야 하나?' 싶은 거죠.

우리나라에선 유교 사상에서 강조한 '효'를 중요하게 여기며, 어릴 때부터 부모님 말씀을 잘 들어야 한다고 배웠어요. 그래서 부모님 말씀을 듣지 않는 건 불효이자 잘못이라고 생각할 수도 있어요. 하지만 공자의 효는 무조건적인 복종을 뜻하는 게 아니에요.

공자가 살던 춘추전국시대는 왕실의 권위가 무너지고 나라 안팎으로 혼란스러운 시기였어요. 사회 질서와 도덕적 가치관이 무너졌죠. 그래서 공자는 사회 안정과 질서 회복을 위해, 가장 기본이 되는 가족 관계부터 바로 세우고자 했어요. 그 핵심이 바로 부모와 자식 관계에서의 효였던 거죠. 공자는 『논어(論語)』에서 말했어요.

공자孔子

**부모의 뜻이 옳지 않다고 생각되면**
**부드럽게 말로 권하고, 그래도 듣지 않으면**
**존중은 하되 마음속으로 근심한다.**

공자가 말한 효의 진정한 의미는 부모님 말씀에 '아니'라고 답하지 말라는 게 아니라, 부모님 말씀이 이해될 때까지 질문하고, 이해가 됐을 때 행동하라는 거예요. 즉, 부모의 말에 무조건 순종하라는 게 아니라 존중을 전제로 한 바른 의견 제시를 하라는 거죠. 존중을 바탕으로 대화와 질문을 통해 서로 이해하고, 합의점을 찾는 과정이 중요하다는 뜻이에요.

블레즈 파스칼
Blaise Pascal

**인간은 자연에서 가장 약한 갈대에 불과하다. 그러나 그는 생각하는 갈대다.**

블레즈 파스칼이 한 말이에요. 파스칼은 인간을 자연 속 연약한 존재인 갈대에 비유하고, 우주와 비교했어요. 육체적으로 보면 인간은 우주에서 매우 연약한 존재죠. 우주가 인간을 짓밟는다면 우리는 죽음을 피할 수 없는 나약한 존재일 뿐이에요. 그러나 인간은 자신이 죽을 수밖에 없는 존재임을 알고, 우주가 자신보다 강하다는 사실을 알죠. 우주는 아무것도 알지 못하지만, 인간은 우주와 자신의 한계를 동시에 이해해요. 파스칼은 인간은 생각한다는 점에서 육체적 약함을 넘어서는 존엄성이 나오는 존재라고 말해요. 스스로 생각하고 성찰할 때 인간은 비로소 자신으로서 굳건히 존재할 수 있어요.

우리는 태어나서 부모님의 목소리를 가장 먼저 듣고, 혼자 결정하지 못했을 때 부모님의 도움으로 선택하고 문제를 해결해 왔어요. 무엇을 결정할 때 부모님의 의견을 따라야 할 것 같은 마음이 드는 건 어쩌면 당연한 일일지도 모르죠. 하지만 우리는 이제 자신의 가치관을 확립하고, 스스로 결정하는 연습을 해야 해요. 부모님의 도움을 받는 것도 필요하지만 혼자서 문제를 해결하고, 자신이 한 결정에 책임질 줄 아는 사람이 되어야 해요.

먼저 자신의 생각을 논리적으로 설명하고, 감정보다는 구체적인 이유를 들어 보세요. 그리고 부모님과 충분한 대화를 통해 의견을 나눠요. 의견이 좁혀지지 않으면 두 의견의 타협점을 찾는 것도 방법이에요. 일정 기간을 정해 내가 원하는 방식으로 해 보고, 성과가 있으면 인정해 달라고 하는 거죠. 대화를 통해 의견을 조율하기 어렵다면 제3자의 도움을 받는 것도 좋은 방법이에요. 제3자는 갈등에서 한발 떨어진 형제나 자매, 또는 상황을 객관적으로 정리해 줄 수 있는 선생님이 될 수 있겠죠.

방법을 찾아도 막상 부모님께 말씀드리려고 하면 입이 안 떨어지는 사람도 있을 거예요. 하지만 언젠가 해야 할 말을 나중으로 미루지 말아요. 부모님과 사이가 안 좋아질까 걱정될 수 있어요. 저도 그런 고민을 한 적이 있어요. 제가 고등학생 때, 아버지가 원하셨던 전공 대신 철학을 선택하기로 마음먹었어요. 하지만 아버지는 "철학을 배우면 세상을 점점 모르게 된다."라고 말씀하시며 다른 전공을 선택하라고 하셨죠. 처음에는 이런 관점 차이가 커서 서로 많이 다퉜어요. 하지만 제가 철학을 통해 무엇을 배우고 싶은지, 어떤 삶을 살고 싶은지 꾸준히 대화를 나누며 제 진심을 전했고, 결국 부모님은 제 선택을 지지해 주셨어요. 지금 생각해 보면 그 과정에서 저는 더 단단해졌고, 부모님과의 관계도 더 깊어졌어요.

부모님은 경험에서 우러나온 걱정으로 반대하실 수 있지만, 결국 인생을 살아가는 건 나 자신이에요. 부모님의 도움을 받을 수 있지만 모든 결정을 전적으로 부모님께 맡기면 안 된다는 거죠. 선택하기 전, 내가 정말로 하고 싶어서 하는 것인지, 부모님이 시켜서 하는 것인지 생각해 봐요. 그리고 스스로 하고 싶은 일이 무엇인지 고민하는 시간을 충분히 가져요. 내가 진정으로 좋아하는 것을 알 수 있는 방법 중 하나는 "내가 그 일을 돈 안 받고도 할 수 있을까?"라고 물어보는 거예요. "절대 안 한다."라고 답하면 그 일은 내가 정말 좋아하는 것이 아닌 거예요. 이제 생각하는 갈대가 되어 보는 거예요. 내가 원하는 게 무엇인지 알고 있어야 선택도 잘할 수 있고, 부모님을 진심으로 설득할 수 있어요.

부모님이 자녀에게 하는 말 중에서 꼭 등장하는 말 하나는 "너 같은 자식 낳아 봐라!"죠. 제 주위의 젊은 부모들은 하나같이 자녀가 생긴 이후에야 부모님 마음이 이해된다고 말하곤 해요. 부모와 자녀의 관계는 그 입장이 되어 보기 전에는 상대의 마음을 알아채기 어려운 관계인 것 같아요. 내 생각과 이유를 부모님께 말씀드리고자 한다면, 부모님이 내 상황을 어떻게 바라볼지 생각해 보는 과정도 필요해요. 누군가를 설득한다는 것은 상대방에게 내 생각을 일방적으로 강요하는 게 아니에요. 여러분이 부모님의 입장이라면, 여러분과 똑같은 말을 하는 자녀에게 뭐라고 답해 주고 싶나요?

## 2.

# 노력하면
# 다 이룰 수 있을까?

제가 학생일 때는 안정적으로 돈을 벌 수 있는 직업이 제일이었어요. 학교에서 희망 직업을 써서 내면 대부분 선생님, 의사, 공무원이었죠. 하지만 요즘은 유튜버, 인플루언서, 연예인을 희망하죠. 또 학생이지만 사업자 신고를 하고 자기 사업을 시작하는 친구들도 많아요. 내가 바라는 대로 살 수 있는 길이 다양해진 건 좋지만, 다양해진 만큼 안정성과 전문성은 낮아졌어요.

유튜버를 예로 들면 한 분야의 전문가라고 성공하는 것도 아니고, 말을 잘한다고 성공하는 것도 아니에요. 또 유명한 사람이라고 성공하는 것도 아니죠. 이제 성공으로 가는 길에는 알 수 없는 무언가가 작용해요. '운칠기삼(운이 70%, 노력이 30%)'

이라는 말은 이제 '운구기일(운이 90%, 노력이 10%)'로 바뀌었다고들 하죠. 그래서 결과가 안 나오면 "이번 생은 망했다(이생망)."라는 말을 하곤 해요.

"성공으로 가는 길은 낙타가 바늘구멍을 지나는 것만큼 힘든 일"이라는 말이 있어요. 여기서 말하는 바늘구멍은 성경에 나온 구절에서 차용한 말이에요. 그런데 흥미로운 사실이 있어요. '바늘구멍'이라는 표현이 단순히 바늘의 작은 구멍을 의미하는 게 아니라는 사실 알고 계셨나요?

예루살렘의 성벽에는 '바늘의 구멍'이라고 불리는 작은 문이 존재했대요. 이 문은 낙타가 지나가기에는 너무 좁고 낮아서, 낙타가 짐을 모두 내려놓고 무릎을 꿇어야만 간신히 통과할 수 있었죠. 이 이야기의 진짜 의미는 무엇일까요? "불가능하다."가 아니라 "매우 어렵지만 가능하다."라는 것이에요. 낙타가 모든 짐을 내려놓고 무릎을 꿇어야 했던 것처럼, 우리도 때로는 불필요한 짐(고정관념, 두려움, 변명)을 내려놓고 도전해야 함을 의미하는 거죠.

미국의 심리학자 캐럴 드웩은 사람들의 사고방식을 '고정 마인드셋'과 '성장 마인드셋'으로 구분했어요. 고정 마인드셋을 가진 사람들은 자신의 능력이나 지능이 타고난 것이어서 변하지 않는다고 믿어요. 반면 성장 마인드셋을 가진 사람들은 노력과 학습을 통해 자신이 가진 능력을 발전시킬 수 있다고 믿죠. "이생망"이라는 말은 어쩌면 현실의 어려움과 불공정함을 인정하는 솔직한 표현일 수 있어요. 세상이 완벽하게 공평하지 않다는 것은 사실이니까요. 하지만 그 현실을 받아들인다고 해서 우리의 노력이 무의미해지는 것은 아니에요. 낙타가 바늘구멍을 통과할 수 있듯이, 우리도 불필요한 짐을 내려놓고 도전한다면 불가능해 보이는 일도 이뤄 낼 수 있어요. 중요한 것은 마음가짐이에요. 고정 마인드셋으로 "난 이미 망했어."라고 생각하는 순간, 정말로 그렇게 될 가능성이 높아져요. 하지만 성장 마인드셋으로 "나는 계속 배우고 성장할 수 있어."라고 믿는다면, 그 믿음이 현실이 될 가능성도 커지는 거죠.

## 장폴 사르트르 실존은 본질에 앞선다.
Jean-Paul Sartre

장폴 사르트르는 이렇게 말했어요. 우리가 먼저 이 세상에 던져져 존재하고(실존), 그 후에 스스로의 선택과 행동을 통해 자신이 어떤 사람인지(본질)를 만들어 간다는 뜻이에요. 즉, 여러분의 정체성은 태어날 때부터 정해진 것이 아니라 매일 내리는 선택과 결정으로 형성된다는 거예요. 여러분이 누구인지, 어떤 삶을 살지는 DNA나 부모님의 재력이 아니라 선택과 노력에 달려 있어요. 현재의 나를 결정하는 것은 내가 선택한 수많은 결정과 끊임없는 노력의 결과예요.

캐럴 드웩의 성장 마인드셋과 사르트르의 실존주의 철학은 이 점에서 일맥상통해요. 우리는 우리 자신의 선택과 노력을 통해 끊임없이 성장하고 변화할 수 있는 존재라는 것이죠. 하지만 여기서 사르트르는 한 걸음 더 나아가, 자신의 자유로운 선택에는 반드시 책임이 따른다고 말해요. 내가 한 선택은 단순히 나 개인에게만 영향을 주는 게 아니라 때로는 다른 사람과 세상에도 파장을 일으킬 수 있어요. 그래서 실존주의에서 말하는 자유는 하고 싶은 대로 하는 자유가 아니라, 스스로 선택하고 그 결과를 책임지는 성숙한 자유예요.

사르트르의 말처럼, 우리는 자신의 선택을 통해 스스로를 정의해요. 그 선택에 책임질 줄 아는 태도를 가질 때, 비로소 우리는 자유로운 존재가 돼요. 여러분의 미래는 이미 정해진 것이 아니라 매일 하는 크고 작은 선택들에 의해 만들어진다는 것을 기억하세요. 그리고 캐럴 드웩이 말했듯 여러분은 끊임없이 배우고 성장할 수 있는 존재라는 것도요.

　　　　　　성장 마인드셋을 잘 장착하기 위해서는 이를 낙관적인 시각과 구분하는 것이 무엇보다 중요해요. 낙관적인 시각이란 '모든 일이 잘 풀릴 거야.'와 같이 막연하게 성공을 기대하는 태도를 의미하죠. 그러나 낙타가 바늘구멍을 지나기 위해 짐을 모두 내려놓고 무릎을 꿇는 수고를 기울여야 하는 만큼, 성장하기 위해서는 최소한의 노력이 필요해요. 성장 마인드셋은 세상이 내가 바라는 대로 흘러가길 바라는 마음이 아니에요. 내가 희망하고 꾸준히 노력하는 일이 언젠가는 내게 도움이 된다는 확신을 가지는 마음이라는 것을 기억해야 해요. 여러분은 자신의 꿈과 희망을 위해 어떤 노력을 기울이고 있나요?

# 3.

# 어차피 돈이
# 가장 중요한 거 아닐까?

"조물주 위에 건물주"라는 말을 들어 본 적 있나요? 사회에서 돈이 모든 것의 우위에 있는 것처럼 작용한다는 비유이죠. 어릴 때는 분명 돈보다 중요하고 가치 있는 것들이 많다고 배웠지만 클수록 좋은 대학, 안정된 직장, 높은 연봉이 행복의 조건처럼 여겨지죠.

그렇다면 돈은 우리의 행복에 얼마나 영향을 줄까요? 먼저 물질적 욕구를 긍정적으로 그린 철학자들이 있어요. 영국의 철학자 토머스 홉스와 존 로크는 재산권을 중요한 권리로 보았어요. 홉스는 재산과 부의 축적이 이런 생존 경쟁에서 중요한 수단이라고 보았으며, 국가의 주요 역할 중 하나가 개인의 재산권을 보호하는 것이라고 주장했어요. 또 로크는 재산에 대해 다음과 같이 말했죠.

<table>
<tr><td>존 로크<br>John Locke</td><td>모든 사람은 자기 자신에 대한 소유권을 가지고 있으며,<br>그 누구도 이를 침해할 권리는 없다.<br>그의 몸으로 한 노동과 손으로 이룬 일은<br>당연히 그의 것이다.</td></tr>
</table>

로크는 『정부론(Two Treatises of Government)』에서 재산권을 자연권의 하나로 보았어요. 인간이 자신의 신체를 소유하고, 그의 노동으로 얻은 것은 정당한 재산이라고 했어요. 로크에게 있어 재산의 축적은 인간의 자연스러운 권리이자 자유의 중요한 측면이었어요. 이런 관점에서 보면, 물질적 풍요와 재산의 축적은 인간의 본성과 권리에 부합하는 자연스러운 추구이며, 행복으로 가는 중요한 길로 볼 수 있어요.

반면, 물질적 풍요가 행복의 핵심이 아니라고 주장한 철학자들도 있어요. 고대 그리스의 철학자 에피쿠로스와 루키우스 세네카를 예로 들 수 있어요. 에피쿠로스는 쾌락주의자로 알려졌지만, 그가 말한 쾌락은 단순한 감각적 즐거움이 아니라 심신의 평화(아타락시아)를 의미했어요. 그는 소박한 삶과 절제된 욕망을 통해 진정한 행복에 도달할 수 있다고 보았어요. 그리고 세네카는 외부 환경과 물질적 조건에 의존하지 않는 내적 평온을 강조했어요. 그들에게 있어 진정한 행복은 외부 상황에 흔들리지 않는 마음의 상태였어요.

에피쿠로스
Epicouros

**부자는 많은 것을 가진 사람이 아니라**

**적은 것에 만족할 줄 아는 사람이다.**

루키우스 세네카
Lucius Seneca

**재물은 사용하기에는 좋을지 모르나,**

**마음을 병들게 할 수 있다.**

이들의 말에 따르면, 물질적 풍요의 추구가 끝이 없어지면 오히려 행복을 방해하는 요소가 될 수 있으며, 진정한 행복은 내면의 평화와 절제에서 찾아야 해요.

물론 홉스와 로크가 강조한 물질적 안정과 재산권의 중요성을 부정할 수는 없어요. 경제적 기반 없이 행복을 논하는 것은 현실과 동떨어진 이상론일 수 있으니까요. 그러나 에피쿠로스와 세네카가 가르친 것처럼, 무한한 물질적 욕망의 추구는 오히려 행복을 방해할 수 있어요.

실제로 돈은 어느 정도까지는 행복에 영향을 줘요.

2010년 미국 프린스턴 대학의 연구에 따르면, 연봉이 약 7만 5천 달러(한화 약 1억 원) 정도까지는 소득이 증가할수록 행복감도 함께 증가한다고 해요. 하지만 그 이후에는 큰 차이가 없어요. 기본적인 생활과 약간의 여유가 확보된 뒤에는 돈이 행복에 미치는 영향이 줄어든다는 거예요. 돈이 많으면 많을수록 행복할 것 같은데 그렇지 않다니 흥미롭죠.

진정한 지혜는 이 두 관점 사이의 균형을 찾는 거예요. 경제적 안정을 추구하되 그것을 절대화하지 않고 관계, 의미, 성장, 기여와 같은 비물질적 가치들을 함께 중시하는 삶의 태도가 필요해요.

현실에서도 돈이 중요하지만 행복과 직결되지 않는다는 걸 보여 주는 사례가 많아요. 사람들은 직장을 선택할 때 주로 세 가지를 고려한다고 해요. 돈, 일의 내용, 함께 일하는 사람들. 통계에 따르면, 직장을 그만두는 대부분의 경우가 '사람' 때문이라고 해요. 입사할 때는 돈이 중요하지만 직접 근무해 보면 인간관계가 행복과 만족도에 가장 큰 영향을 미친다는 것이에요. 이는 우리의 행복이 단순히 물질적인 조건이 아니라 관계적, 의미적 요소에 크게 의존한다는 것을 보여 줘요.

또한 로또 당첨자들을 추적한 연구에 따르면, 당첨 직후의 엄청난 행복감은 약 6개월 후에 당첨 전 수준으로 돌아간다고 해요. 이는 심리학에서 말하는 '쾌락 적응' 현상으로, 인간은 물질적 조건의 변화에 빠르게 적응하여 다시 기본적인 행복 수준으로 돌아간다는 것이에요.

정리해 보면, "어차피 돈 벌려고 하는 건데…."라는 말도 반쪽짜리 진실이에요. 우리는 돈을 벌지만, 궁극적으로는 행복하고 의미 있는 삶을 살기 위해 돈을 버는 거니까요. 목적과 수단을 혼동하지 않는 것이 중요해요.

　　철학자들은 목적적 가치와 수단적 가치를 구분해요. 목적적 가치는 그것을 추구해야 하는 이유를 더 이상 물을 수 없는 가치를 의미하고, 수단적 가치는 그것을 그 자체로 추구해서가 아니라, 다른 목적을 이루기 위해 생기는 가치를 의미하죠. 의술과 건강을 예시로 들 수 있어요. 의술은 건강이라는 목적을 이루기 위해 추구하지만, 건강은 그것을 추구하는 이유를 더 이상 물을 수 없어요. 즉, 의술은 수단적 가치를, 건강은 목적적 가치를 가진다는 것이죠. 그렇다면 '돈'은 수단적 가치를 갖나요, 아니면 목적적 가치를 갖나요? 그렇게 생각한 이유는 무엇인가요?

# 4.

# 내 인생은
# 이미 정해져 있는 걸까?

우리는 뜻하지 않게 일어나는 일을 우연이라고 해요. 반대로 이미 정해져 있는 것을 운명이라고 하죠. 우연이 계속되면 "운명인가?"라는 생각이 들기도 해요. "우연이 세 번 겹치면 운명이다."라는 말도 있고, 로맨스 드라마에서도 두 주인공이 우연히 마주치는 장면을 반복해서 넣어 운명 같은 느낌을 만들기도 하죠.

운명이라는 개념은 철학적으로 결정론과 연결돼요. 우리가 운명이라고 말할 때는 이미 결정되어 있어서 바꿀 수 없다는 의미가 담겨 있기 때문이에요. 결정론은 모든 사건과 선택이 원인과 결과의 법칙에 따라 필연적으로 정해져 있다는 거예요. 결정론에는 여러 형태가 있는데 크게 강한 결정론, 약한 결정론, 그리고 숙명론으로 나눌 수 있어요. 우정 이야기를 예로 들어볼게요.

초등학생인 민지는 이사를 와서 새로운 학교에 가게 되었어요. 등교 첫날, 교실에서 유일하게 비어 있는 자리가 소율이 옆자리였어요. 앉을 자리가 없어서 소율이 옆에 앉았는데, 두 사람은 같은 색 필통을 가지고 있었고, 이것이 대화의 시작이 되었죠. 이후 두 사람은 중학교, 고등학교, 대학교까지 같은 학교에 다니게 되었고, 결국 평생 절친이 되었어요.

강한 결정론은 모든 일은 이전 사건들의 필연적 결과로, 미래는 과거에 의해 100% 결정된다고 봐요. 자유의지와 우연은 존재하지 않는다고 해요. 민지의 부모가 그 동네에 이사 온 것, 민지가 그 학교에 배정된 것, 소율이의 옆자리가 비어 있었던 것, 두 사람이 같은 색 필통을 가지고 있었던 것 등 모든 선행조건이 이미 결정되어 있었고, 민지와 소율은 절친이 될 수밖에 없었다는 거예요. 강한 결정론의 관점에서 우리는 정해진 대로 움직일 뿐이죠.

약한 결정론은 사건은 인과적으로 일어나지만, 과정 속에 변수가 있을 수 있다는 거예요. 날씨 예보 같은 거죠. 대기 법칙에 따라 예측할 수 있으나 작은 변수에 따라 결과가 달라지는 것처럼요. 다시 예시를 보면, 민지는 자리에 앉은 후 소율이에게 먼저 말을 걸지 말지 선택할 수 있었어요. 소율이도 민지의 친구가 되고 싶은지 결정할 수 있었죠. 두 아이는 다양한 변수를 뚫고 친구가 된 거예요. 약한 결정론자는 환경과 이전 사건들이 영향을 미치지만, 그 속에서도 우리의 선택과 노력이 중요한 역할을 한다고 봐요. 민지와 소율이가 친구가 된 것은 주어진 환경 속에서 그들이 내린 선택과 노력의 결과라는 거죠.

숙명은 날 때부터 정해진 운명을 말해요. 숙명론은 무슨 일이 일어날지 이미 정해져 있다는 입장이죠. 강한 결정론과 같아 보이지만 조금 달라요. 강한 결정론은 과거가 미래에 영향을 미친다는 인과성에 초점이 맞춰져 있다면 숙명론은 무엇을 하든 바꿀 수 없다는 결말의 불가피성에 초점을 두고 있어요. 우리의 노력이나 선택은 결과를 바꿀 수 없다는 거죠. 민지와 소율이가 베프가 된 것은 그들의 선택이나 행동과 무관하게 이미 결정되어 있다는 거예요. 그들이 태어나기도 전에 평생 베프가 될 운명이었던 거죠. 민지가 다른 학교에 갔더라도, 다른 자리에 앉았더라도, 혹은 소율이에게 말을 걸지 않았더라도, 어떻게든 두 사람은 만나게 되고 친구가 되었을 거예요. 왜냐하면 그것이 '운명'이었으니까요.

데이비드 흄<br>David Hume

**한 공이 다른 공을 치면,
두 번째 공이 움직이는 건 볼 수 있지만
왜 그렇게 되는지는 감각으로 볼 수 없다.**

결정론이 운명에 가깝다면 우연에 중심을 둔 철학자도 있어요. 데이비드 흄은 인과관계 자체에 의문을 제기했어요. 우리는 날아가는 돌멩이와 깨진 유리를 보면 돌멩이 때문에 유리가 깨졌다고 생각하지만, 사실 우리가 본 것은 두 사건의 연속일 뿐 그사이의 필연적 연결은 직접 관찰할 수 없다는 거예요. 우리가 과거에 A 다음에 B가 일어났다는 것을 경험했기 때문에 A와 B가 각각 일어나도 연결 지어서 믿을 뿐이죠. 우리 속담에도 흄의 생각과 유사한 게 있어요. 그건 바로 "까마귀 날자 배 떨어진다."는 속담이에요. 까마귀가 날아서 배가 떨어진 게 아닌데도 사람들은 까마귀가 나는 일 다음에 배가 떨어졌으니, 까마귀 때문에 배가 떨어졌다고 까마귀를 오해한다는 의미죠. 우리는 우연이 쌓이면 운명이라고 믿잖아요. 이런 생각 또한 흄이 말한 것처럼 학습된 것일까요?

이런 관점에서 보면 운명이나 우연이라는 개념도 다시 생각해 볼 수 있어요. 우리가 운명이라고 부르는 것이 사실은 여러 사건의 우연한 연속일 수도 있어요. 또 우연이라고 생각하는 것 속에도 우리가 모르는 질서가 숨어 있으니까요. 우연은 찾아오지만, 그 우연을 어떻게 활용할지는 나의 선택이에요. 환경과 조건이 나를 만들지만, 그 속에서 어떤 방향으로 걸어갈지는 내가 만드는 것이죠. 운명처럼 보이는 것도, 결국 오늘의 선택이 이어져 만들어지는 거예요. 우리가 살면서 어떤 선택을 하고, 그 선택에 의해 어떤 변화가 생길지는 아무도 모르니까요.

　　　　　결정론적 사고는 자신의 좋은 결과를 합리화하기 위해 사용되기도 하고, 또 다른 한편으로는 자신의 안 좋은 결과를 합리화하기 위해 사용되기도 해요. 예컨대 '나는 이런 훌륭한 일을 해낼 운명이었어.'라고 생각한다면 전자에 해당하고, '나는 아무리 노력해도 결국 이것밖에 안 될 운명이었어.'라고 생각한다면 후자에 해당하죠. 그러나 전자와 같이 생각한다면 겸손하지 못할 것이고, 후자와 같이 생각한다면 자신감을 잃어버릴 거예요. 어느 쪽으로 발휘되더라도 좋은 삶을 살아가는 데 별 도움은 되지 못하겠죠. 어쩌면 내 삶을 내가 만들어 간다고 생각하는 편이 좀 더 흥미진진하지 않을까요? 어떤 소설 속 모험을 떠난 주인공의 결말이 이미 정해져 있다면, 그 소설은 큰 인기를 얻을 수 있을까요?

# 5.
# 인공지능이 해 준 과제도
# 결국 내가 한 거 아닐까?

　　　　2025년 한국청소년정책연구원이 진행한 연구 결과에 따르면 약 6,000명의 청소년 중 절반 이상이 생성형 인공지능을 사용한 경험이 있다고 해요. 대화형 인공지능 역시 우리의 일상 깊숙이 스며들었죠. 간단한 질문부터 어려운 정보 처리까지 각자가 원하는 방식에 따라 다양하게 활용되고 있어요. 특히 자료를 검색하는 시간을 줄일 수 있기 때문에, 과제를 할 때도 많이 활용돼요. 인공지능에게 자료조사와 글 작성까지 모두 시키고, 그걸 바로 제출하는 경우도 종종 있죠. 그럼 자연스럽게 이런 질문을 던지게 돼요. "인공지능이 해 준 과제도 내가 한 과제일까?" 대답은 간단할 수도 있고, 복잡할 수도 있어요. 인공지능은 사용자의 질문에서 문제 해결의 실마리를 찾아 답을 제시해 줘요. 그리고 그 답을 바탕으로 사용자가 직접 다시 찾아보고, 이해하고, 자기 생각을 정리했다면 그 과제는 분명 사용자가 한 과제라고 볼 수 있을 거예요. 하지만 인공지능이 제시한 답을 그대로 복사해서 제출하고, 내용을 이해하지 않은 채 마무리했다면, 과연 내가 한 과제라고 볼 수 있을까요? 이 질문의 답은 결국 '나'에게 달려 있는 거죠.

과제는 단지 결과물을 만드는 일이 아니라 지식을 쌓고, 스스로 정리해 보는 과정이에요. 인공지능을 활용하더라도 그 정보를 확인하고, 자기 방식으로 이해하고, 자신의 언어로 풀어내는 과정이 반드시 필요해요.

독일 출신의 물리학자 알베르트 아인슈타인과 관련해서 전해지는 재미있는 일화가 하나 있어요. 어느 날, 아인슈타인과 함께 강연을 다니던 운전기사가 이런 제안을 했어요. "교수님 강연을 여러 번 듣다 보니 이제 저도 내용을 외울 정도예요. 다음 강연은 제가 대신 해 볼까요?" 아인슈타인은 재미있을 것 같아 승낙했고, 둘은 역할을 바꿨어요. 기사는 아인슈타인 행세를 하며 강연을 훌륭히 해냈어요.

그런데 강연 후 질의응답 시간에 한 교수가 매우 복잡한 질문을 했어요. 강의 내용을 온전히 이해해야만 답할 수 있는 질문이었죠. 대본 외우듯 내용만 외우고 있던 기사는 당황했지만, 재치 있게 대처했어요. "그 질문은 너무나 기초적인 것이라 이 자리의 고등 교육을 받은 분들에게는 쉬울 텐데요. 제 기사(실은 아인슈타인)에게 대신 답변해 달라고 해 보겠습니다." 모두가 웃음을 터뜨렸고, 아인슈타인이 나와 질문에 답했어요.

이 일화에서 아인슈타인은 지식을 가진 존재, 기사는 그 지식을 흉내 내는 존재예요. 인공지능의 답을 그저 따라하기만 한다면 아인슈타인의 지식을 흉내 낸 기사에 머물게 되겠죠. 반대로 지식을 완전히 이해한다면, 어려운 질문에도 척척 대답하는 아인슈타인이 될 수 있어요. 이 일화는 사실 지어낸 이야기예요. 하지만 지식을 '소유'하는 것과 '이해'하는 것의 차이를 잘 보여 주죠.

실제로 강연에서 고등학교 선생님, 대학교 교수님들께 "아이들이 인공지능으로 숙제를 해 오는데, 어떻게 평가하면 좋을까요?"라는 질문을 종종 들어요. 그럴 때 저는 대본 없이 발표해 보게 하라고 해요. 또 발표 후에는 반드시 질문 시간을 가지라고 말씀드려요. 진짜 이해했다면 말로 설명할 수 있을 거예요. 심층적인 질문, 예상치 못한 질문, 비판적인 질문에 답하는 과정을 통해 그 학생이 그 주제를 얼마나 이해하고 있는지가 드러나죠. 영국의 철학자 프랜시스 베이컨은 말했어요.

<table>
<tr><td>프랜시스 베이컨<br>Francis Bacon</td><td>아는 것이 힘이다.</td></tr>
</table>

지식을 많이 가진 사람이 세상을 더 잘 이해하고, 더 나은 결정을 내리며, 더 큰 영향력을 발휘할 수 있다는 뜻이에요. 그런데 지식을 많이 가진 인공지능이 나오자, 단순히 지식의 양을 넘어서 이를 적절하게 활용할 수 있는 능력이 중요해지는 시대가 됐어요.

인공지능 시대에도 학습의 본질은 변하지 않아요. 지식을 자신의 것으로 만들고, 그것을 바탕으로 새로운 생각을 창출하는 능력은 여전히 중요해요. 만약 이 과정을 무시한 채 인공지능이 주는 답에만 의존한다면 우리는 결국 질문할 능력조차 잃게 될지 몰라요. 새로운 지식을 익혀야 질문도 새롭게 할 수 있어요. 내 세계가 넓어지는 거죠. 인공지능에 도돌이표 같은 질문만 던지다 보면 내가 아는 것에도 한계가 생기겠죠.

<table>
<tr><td>르네 데카르트<br>René Descartes</td><td>나는 생각한다, 고로 존재한다.</td></tr>
</table>

르네 데카르트는 단순히 존재하는 것이 아니라 스스로 사고하는 것이 인간 존재의 본질임을 강조했어요. 인공지능 시대에 진짜 나로서 존재하기 위해서는 '생각하는 나'가 되어

야 해요.  인공지능의 도움을 받을 수는 있지만, 과도하게 의존하면 단순한 과제도 혼자 힘으로 처리하지 못하는 사람이 돼요. 결국 내가 생각하고, 내가 판단하고, 내가 표현한 것만이 진짜 내 것이 돼요. 인공지능 시대에 가장 중요한 건, 스스로 생각할 기회를 놓치지 않는 거예요.

　　"철학은 답을 내는 학문이 아니라 질문을 던지는 학문이다." 철학이 대체 뭐냐고 묻는 학생들에게 제가 자주 제시하는 답변이에요. 답을 낸다는 것은 이미 주어진 문제의 의도와 전제를 그대로 받아들이고 그 안에서 생각하겠다는 것을 의미해요. 반면 질문을 던진다는 것은 문제 자체의 의도나 전제까지도 한 번 더 깊이 생각해 보겠다는 것을 의미하죠. 인공지능은 우리가 제시한 문제에 답을 해 줘요. 물론 인공지능이 우리에게 질문을 던지는 날이 올지도 모르죠. 하지만 그마저도 우리가 짜 놓은 설계 안에서 던지는 질문일 거예요. 여러분은 답을 제시하는 사람이 되고 싶나요, 아니면 질문을 던지는 사람이 되고 싶나요? 달리 말하면, 누군가가 짜 놓은 설계 안에서 생각하고 싶나요? 아니면 그 설계까지도 여러분의 숙고 대상으로 삼고 싶나요?

## 5장

카페 안에서:

# 관계를
# 새롭게
# 마주하기

# 1.

# 진짜 친구란
# 무슨 의미일까?

진짜 친구라고 생각되는 친구 한 명을 떠올려 보세요. 바로 떠오르시나요? 제가 젊을 때는 "진짜 친구는 고등학교 친구까지다."라는 말이 있었어요. 아무래도 중고등학교까지는 한동네에 사는 친구들인 경우가 많고, 서로의 이익보다는 순수하게 좋아서 사귀는 경우가 많기 때문이겠죠. 하지만 저는 대학교에서 사귄 친구와도 자주 만나고, 사회에서 만난 친구와도 꾸준히 연락하며 서로 잘 지내고 있어요. 그렇다면 '찐친'이란 무엇을 의미할까요? 서로 이익이 잘 맞아떨어지는 친구일까요? 오래된 친구일까요? 취향이 가장 잘 맞는 친구일까요? 철학자들도 오래전부터 이 질문에 답을 내리기 위해 고민했어요.

아리스토텔레스는 『니코마코스 윤리학(Nicomachean Ethics)』에서 우리가 추구해야 할 궁극적인 목적은 '에우다이모니아(Eudaemonia; 잘 사는 상태)'라고 정의했어요. 그리고 잘 살기 위해서는 물질적 조건이나 덕목뿐 아니라 좋은 인간관계도 필요하다고 했어요. 인생에서 가장 높은 덕목으로 우정을 꼽을 정도로 중요하게 생각했죠.

아리스토텔레스
Aristoteles

**우정은 우리 인생에서 가장 필요한 것이다.**
**아무도 친구 없이 살기를 원하지 않는다.**

아리스토텔레스는 우정을 세 단계로 구분했어요. 1단계는 즐거움을 기반으로 한 우정이에요. 같은 취미나 관심사를 공유하는 사이를 말해요. 함께 게임을 하거나, 같은 운동팀을 응원하거나, 같은 아이돌을 좋아하는 친구들이 여기에 해당해요. 2단계는 이익에 기반한 우정이에요. 서로에게 도움이 되거나 이익을 주고받는 관계를 말해요. 학교에서 공부를 도와주거나, 직장에서 서로 업무를 보완해 주는 관계가 여기에 해당하죠. 마지막 3단계는 선의에 기반한 우정이에요. "난 그냥 네가 잘됐으면 좋겠어."라는 순수한 마음이 바탕이 되는 우정이에요.

아리스토텔레스는 1단계와 2단계의 우정은 취미가

달라지거나 서로에게 더 이상 이익을 주고받을 수 없게 되면 쉽게 깨진다고 보았어요. 하지만 3단계인 선의를 바탕으로 한 우정은 그렇지 않다고 했어요. 서로의 인격적 성장과 행복을 위해 존재하기 때문이에요. 선의를 바탕으로 한 우정이야말로 시간이 흘러도 지속되는 진정한 우정이라고 할 수 있어요. 우정도 시간에 따라 성장하고 변화해요. 처음에는 단순한 취미나 이익을 기반으로 시작했더라도, 시간이 흐르면서 더 깊은 단계로 발전할 수 있죠.

아리스토텔레스의 3단계, 선의를 바탕으로 한 우정의 지속성에 초점을 맞추어 확장해 보면 진정한 우정은 5가지 특징을 가진다고 볼 수 있어요.

1. 변화를 견디는 관계
2. 이익 계산을 넘어서는 마음
3. 솔직함과 취약성 공유
4. 부정적 감정도 이해하는 성숙함
5. 존재 자체의 가치

그 외에도 중요한 게 한 가지 있어요. 바로 용기예요. 예전에 한 학생이 이런 고민을 털어놓은 적이 있었어요. 함께 열심히 공부하던 친구가 SNS에 대학 합격증 사진을 올렸는데, 그

걸 보고 축하 연락을 하지 못했대요. 본인은 원하는 대학에 떨어져 불안한데, 친구는 먼저 앞서간 기분이라 질투가 났던 거죠. 고민을 듣고, 그 학생에게 속으로만 생각하지 말고 친구에게 솔직하게 말하라고 했어요. "부러운 마음에 연락하지 못했다."라고요. 친한 친구일수록 솔직한 감정을 나눌 용기가 필요해요. 친구에게 좋은 일이 생기면 축하해 주는 게 당연한 일이지만, 부럽고 질투가 날 때가 있어요. 질투나 비교도 인간적인 감정이에요. 그걸 인정하고 대화하면 우정은 더 깊어질 수 있어요.

친구가 잘되길 바라지만 나보다 앞서간 친구에게 찾아온 불행에 안도감을 느끼는 경우가 있어요. 이를 독일어로 '샤덴프로이데(Schadenfreude)'라고 해요. 손해를 뜻하는 '샤덴(Schaden)'과 기쁨을 뜻하는 '프로이데(Freude)'가 합쳐진 말이죠. 남의 불행을 보았을 때 기쁨을 느끼는 심리라는 뜻이에요. 누구나 느낄 수 있지만, 들키고 싶지 않은 감정이죠. 질투처럼 샤덴프로이데도 인간적인 감정이에요. 중요한 건 그런 감정을 받아들이고, 감정의 원인을 찾는 거죠. 내가 뒤처진 것 같아서 드는 감정이라면 친구와 나를 비교하지 말고 각자의 속도로 하던 일을 꾸준히 하면 되는 거예요.

관계를 이어 가게 만드는 건 서로에 대한 이해와 존중, 그리고 함께 성장하려는 의지예요. 진정한 친구를 찾기에 앞서, 우리 스스로 어떤 친구가 되고 싶은지 생각해 보는 것도 필요해요. "좋은 사람 옆에 있으면 좋은 사람이 되고 싶어진다."라는 말처럼 나부터 좋은 친구가 되어 보는 건 어떨까요?

　　　　　　　“사촌이 땅을 사면 배가 아프다.”라는 속담이 있죠. 그럼 자신의 정말 친한 친구가 땅을 사도 배가 아플까요? 흔히 타인과 나를 비교하기 시작하면 불행해진다고 말해요. SNS에 대해 부정적인 시선을 갖는 사람들도 흔히 이런 이야길 꺼내죠. 그런데 비교하는 행위 자체가 문제인 걸까요, 아니면 ‘비교하여 자신을 낮추어 보는’ 인식이 문제인 걸까요? 종종 교수자들은 학습자가 닮고 싶어 하는 롤모델을 설정하는 교육 방법을 제시해요. 그런데 롤모델을 통한 학습 및 교육이 이루어지기 위해서는 학습자는 자기 자신을 롤모델과 비교해야 해요. 이때 이루어지는 타인과의 비교는 문제가 없을까요?

# 2.

# 왜 가족보다
# 친구가 편할까?

우리 사회는 사람 사이의 인연을 혈연, 지연, 학연으로 구분해 왔어요. 태어날 때부터 주어지는 가족 관계인 혈연이 학교를 함께 다닌 학연보다 더 강할 것 같지만, 많은 사람들이 때때로 가족보다 친구가 더 편하다는 말을 해요. 친구에게는 쉽게 이야기할 수 있는데, 가족에게는 차마 말하지 못하는 것들이 있잖아요. 성적이나 시험 스트레스, 친구들 간의 다툼이나 소외감, 외모에 대한 고민, 내면의 우울함이나 괴로움 같은 고민 말이죠. 피는 물보다 진하다는 말도 있는데, 우리는 왜 이런 고민들을 가족에게 쉽게 털어놓지 못할까요?

그 이유는 편안함의 성질이 다르기 때문이에요. 편

안함이란 긴장과 경계가 풀리고, 있는 그대로의 자신을 드러낼 수 있는 상태예요. 하지만 그 모습은 관계에 따라 달라져요. 가족과 있을 때의 나와 친구들 앞에 있을 때의 나가 다른 것처럼요.

아리스토텔레스
Aristoteles

**우정이란 두 개의 몸에 깃든 하나의 영혼이다.**

아리스토텔레스는 이렇게 말했어요. 같은 시대와 경험 속에서 자연스럽게 통하는 마음이 있다는 걸 의미해요. 친구와 가족의 편안함 사이에는 차이가 있어요. 친구는 보통 자신과 같은 세대나 학년, 또래죠. 유행하는 것들을 같이 즐기고, 유머 코드도 비슷하고, 공감이 되는 고민을 할 수밖에 없어요. 예를 들어, 17살 고등학생 민지는 요즘 친구들 사이에서 유행하는 노래와 춤에 빠져 있어요. 집에서도 항상 이어폰을 끼고 음악을 듣고, 방에서는 거울을 보며 춤 연습을 해요. 45살 아버지는 이해하지 못해요. "그럴 시간에 공부를 해야지, 무슨 춤이냐?"라며 화를 내시죠. 민지가 이 이야기를 친구들에게 하면 친구들은 민지에게 공감하고 아버지를 이해하지 못할 거예요. 이처럼 친구의 편안함은 공감대와 즉각적인 이해에서 나와요.

편한 관계라고 하면 흔히 숨기는 것 없이 할 말을 다 하는 관계라고 생각하기 쉬워요. 하지만 진짜 편한 관계는 모든 것을 다 말하는 관계가 아니라 불편한 진실은 때로 감출 수 있는 관계라고 생각해요. 고대 중국의 철학자 장자는 이렇게 말했어요.

**장자莊子**    **글은 말을 다 담을 수 없고, 말은 뜻을 다 담을 수 없다.**

인간의 생각은 말로, 말에서 글로 옮겨지면서 왜곡되거나 손실이 생길 수 있어요. 마음속 깊은 뜻을 온전히 표현하기란 쉽지 않죠. 그래서 때로는 표현하지 않는 게 나을 수 있는 거예요. 악의적으로 진실을 숨기라는 것이 아니에요. 서로를 배려하는 마음으로 일부러 말하지 않는 것들이 있기에 관계가 더 편안해질 수 있다는 거예요. 그 속에는 오히려 더 깊은 배려와 존중이 담겨 있죠.

예를 들어, 함께 본 시험에서 친구는 시험을 망치고, 나는 좋은 점수를 받았다고 해 봐요. 모든 걸 솔직하게 말하는 게 편한 관계라면 바로 그 사실을 전할 수도 있겠죠. 하지만 친구의 마음을 생각해 굳이 성적 이야기를 꺼내지 않을 수도 있어요. 이는 거짓말이 아니라 친구의 마음을 먼저 헤아리는 배려에서 나온 침묵이에요.

모든 관계에서 완벽한 이해를 기대하기보다는 서로

존중하는 자세가 필요해요. 때로는 모든 것을 말하지 않아도 편안함을 느낄 수 있고, 때로는 솔직하게 털어놓음으로써 위로 받을 수 있어요. 진정한 편안함은 모든 것을 다 말할 수 있는 상태가 아니라 말하지 않아도 서로를 이해하고 배려할 수 있는 상태일지도 모르겠어요.

　　　　우정과 관련한 철학적 논의 중에서 흥미로운 문제가 하나 있어요. 바로 "자신의 모든 비밀을 털어놓을 수 있을 때만 친밀한 관계라고 할 수 있는가?"라는 문제예요. 이때 친밀한 관계란 '찐친'처럼 매우 밀접한 사이를 의미하죠. 최근 유행한 「케이팝 데몬 헌터스」라는 애니메이션을 보면, 주인공인 루미는 자신의 몸에 있는 문양을 친한 동료들에게 들키지 않기 위해 노력해요. 이처럼 친밀한 사이와 솔직함이란 매우 까다로운 관계에 놓여 있어요. 친구에게 자신의 모든 비밀을 털어놓았을 때 나에게 실망할까 두렵다면, 굳이 모든 비밀을 털어놓아야 할까요? 모든 비밀이 아니라면, 공유할 수 있는 비밀의 한계는 어디까지인가요? 만약 내가 어떤 비밀을 숨긴다면, 그 상대를 나의 찐친이라고 부를 수 있을까요?

# 3.

# 꼭 친구가
# 많아야 할까?



사람들은 종종 친구의 수를 사회성이나 인간관계의 성공 지표로 여기곤 해요. 하지만 정말 중요한 건 숫자가 아니라 그 관계가 얼마나 진실하고 건강한가죠. 친구가 적더라도 서로를 깊이 이해한다면 언제든 마음을 나눌 수 있을 거예요. 반대로 친구가 많더라도 관계가 얕으면 가벼운 부탁을 하는 것도 부담스럽겠죠. 넓고 가벼운 관계를 좋아하는 사람들이 있기도 해요. 핵심은 친구의 수가 아니라, 자신의 성향에 맞게 만족스러운 인간관계를 형성하고 있는가 하는 점이에요.

영국의 인류학자 로빈 던바는 인간이 진정한 사회적 관계를 유지할 수 있는 최대 인원은 약 150명이라고 밝혔어요. 이것이 바로 유명한 '던바의 수'예요. 이보다 더 많은 관계는 표면적이거나 형식적인 관계가 될 가능성이 높아요. 더 세분화하면, 가장 친밀한 내부 서클은 약 5명, 좋은 친구는 15명, 친구는 50명, 지인은 150명 정도라고 해요. 이 수치는 인간의 뇌가 감당할 수 있는 관계의 깊이와 한계를 보여 줘요.

물론 친구의 '적정 수'는 각자의 성향과 상황에 따라 다를 수 있어요. 어느 연예인은 연락처에 등록된 사람이 수천이라고 했어요. 그러면서도 주변 사람들을 살뜰히 챙겼죠. 이 사람은 넓은 관계를 소화할 수 있는 유형의 사람인 거예요.

마르쿠스 키케로  **우정은 인간 본성에서 유래한다.**
Marcus Cicero

10대에게 친구 관계는 세상의 전부처럼 느껴질 때가 많아요. 친구와 관련된 고민이 많은 것도 자연스럽죠. 가끔은 친구와의 관계가 계산적으로 느껴질 수도 있어요. 하지만 고대 로마의 철학자 마르쿠스 키케로는 우정은 필요에서 유래하지 않고, 인간 본성에서 유래한다고 말했어요. 또, 친구가 적은 게 고민이 될 수도 있고, 더 많은 친구를 사귀어야 하나 욕심이 날 수도 있어요. 하지만 중요한 건 친구를 얼마나 많이 사귀느냐가 아니라 어떻게 이어 가느냐예요. 내가 친구와 어느 정도로 깊은 관계인지, 친구와 내가 어떻게 지내고 있는지 떠올려 보면, 무심코 넘겼던 친구 관계가 다르게 보일 거예요.

관계는 서로 다른 두 사람이 맺는 것이기 때문에 유지하기 위해선 많은 노력이 필요해요. 당연함이 익숙해지면 서로에게 무심해질 수도 있죠. 십년지기였는데 하루만에 절교하기도 하고요. 프리드리히 니체와 독일의 음악가 리하르트 바그너는 쇼펜하우어 철학에 대한 공통 관심사에서 출발해 깊은 교류를 나누던 친구였어요. 니체는 바그너의 열렬한 지지자였고, 바그너도 니체의 천재성을 높이 평가했어요. 그러나 시간이 지나면서 두 사람의 사상적, 예술적 방향이 달라졌고, 결국 서로를 신랄하게 비판하는 적이 되었어요. 니체는 후에 『바그너의 경우(Der Fall Wagner)』라는 책을 통해 친구였던 바그너를 강하게 비판했죠.

관계를 유지하는 건, 마치 식물을 가꾸는 것과 같아요. 식물은 창 앞에 두기만 한다고 알아서 잘 자라는 게 아니에요. 빛과 물, 흙의 상태, 계절마다 다른 관리가 필요하죠. 며칠만 신경을 쓰지 않아도 금세 잎이 말라 시들고, 다시 회복시키는 데에도 오랜 시간이 걸려요. 주기적으로 돌보지 않으면 나중에는 더 큰

정성을 들여야 하죠. 만약 바그너와 니체도 서로의 관계를 주기적으로 들여다보면서 서로를 이해하려고 노력했다면, 틀어지는 상황까지는 가지 않았을 수도 있어요.

친구가 많다고 좋은 것은 아니에요. 어떻게 관리하느냐가 더 중요해요. 관계를 무시하거나 소홀히 대하면 오히려 독이 될 수 있어요. 특히 한때 가까웠던 친구가 적이 되면 가장 무섭죠. 그들은 당신의 약점을 속속들이 알고 있으니까요. 우정은 양날의 검과 같아요. 신중하게 선택하고 진심으로 가꿔야 하는 거예요. 결국 "꼭 친구가 많아야 하나요?"라는 질문에 대한 답은 "그것은 당신이 어떤 사람인지에 달려 있다."라고 할 수 있어요. 내가 선호하는 관계 유형은 무엇인지를 생각해 보고, 관계 하나하나에 신경 쓰며 유지할 수 있을지 돌이켜 봐요. 던바의 수가 보여 주듯 인간이 유지할 수 있는 관계의 수에는 한계가 있지만, 그 안에서 자신의 성향에 맞게 균형을 찾는 것이 중요해요.

흔히 친구가 없거나 매우 적은 사람을 보고 사회성이 떨어진다고 표현하곤 해요. 그런데 이때 사회성이란 무슨 의미일까요? 이에 답하기 위해서는 '사회성'과 '친-사회성'을 구분할 필요가 있죠. 일반적으로 사회성이란 집단 혹은 사회를 이루는 데 필요한 특성을 의미하는 한편, 친-사회성이란 사회적 관계 안에서 친밀한 태도를 보이는 특성을 의미해요. 이 구분에 의하면, 사실 사회성이 떨어진다는 말은 친-사회성이 부족하다는 뜻으로 이해해야 해요. 그렇다면 친-사회성이 부족하다는 것은 누구와도 친밀하게 지내기 어렵다는 말로도 이해할 수 있어요. 그런데 누군가와 친밀하게 지내기 위해서는 그 상대와 나의 특징이 유사하거나 혹은 어울리기 쉬워야 하지 않을까요? 그 누구와도 친밀하게 지낼 수 있는 사람이 존재할까요?

# 4.

# 다른 사람에게 기대는 게
# 왜 어려울까?

우리는 어릴 때부터 "스스로 해결해야 해!", "자립심을 길러야 해!"라는 말을 자주 듣고 자랐어요. 그래서인지 다른 사람에게 도움을 요청하는 것을 어색하고 부끄럽게 느끼는 경우가 많아요. "나는 혼자서도 잘할 수 있어요.", "남한테 도움 요청하는 건 약한 모습을 보이는 거예요.", "실패는 절대 용납할 수 없어요."라고 하며 혼자서 모든 걸 해결하려고 하죠. 괜히 자존심이 상하기도 하고요.

자립심은 중요한 덕목이에요. 하지만 그것이 모든 것을 혼자 해결해야 한다는 뜻은 아니에요. 진짜 자립은 내가 할 수 있는 일을 책임 있게 해내되 부족한 부분은 다른 사람의 힘을 빌릴 줄 아는 유연함에서 나오는 거예요.

실제로 우리는 혼자만의 힘보다 서로의 강점을 모아 이룬 성취를 더 자주 목격해요. 고등학교 시절, 저는 스터디 그룹을 만들었어요. 처음에는 비슷한 성적의 친구들끼리 만들려고 했죠. 모두 국영수에서 80점 정도 받는 친구들이었어요. 이 이야기를 들은 담임 선생님은 골고루 잘하는 친구들이 아니라 한 과목만이라도 자신이 잘하는 과목을 가진 친구들로 구성하라고 조언해 주셨죠. 그래서 국어는 잘하지만 수학은 약한 친구, 수학은 잘하지만 영어는 약한 친구, 영어는 잘하지만 국어가 약한 친구 등 각자 한 과목에서 좋은 성적을 받은 친구들을 모아 스터디를 했어요.

결과는 놀라웠어요. 각자 자신이 잘하는 과목을 다른 친구들에게 가르쳐 주면서 모두가 성장할 수 있었어요. 영어가 뛰어난 친구는 단어 외우는 방법을 공유하고, 수학에 강한 친구는 어려운 문제 풀이를 도와주고, 국어를 잘하는 친구는 문학 작품 해석 방법을 알려 줬어요. 한 학기 후, 스터디 그룹에 참여한 친구들의 성적이 고르게 향상되었어요. 부족한 부분을 인정하고 도움을 주고받는 것이 모두를 성장시킨 결정적 계기가 된 것이죠. 이것이 바로 윈윈(Win-Win)의 협력이었어요.

우리는 도움을 요청하는 것을 꺼리죠. 누군가에게 기대는 것이 약점을 드러내는 일처럼 느껴지기 때문이에요. 하지

만 자신에 대한 믿음이 있다면, 실수나 부족함을 드러내는 것을
두려워하지 않을 거예요. 공자는 이렇게 말했어요.

공자孔子 **잘못을 저지르고 고치지 않는 것,
그것이 진정한 잘못이다.**

실수는 누구나 할 수 있어요. 중요한 건 그 실수를
숨기는 것이 아니라 인정하고 개선하려는 태도예요. 프랑스의 소
설가 알베르 카뮈도 『시지프 신화(The Myth of Sisyphus)』에서 세
상에 본질적 의미가 없다는 '부조리'를 인정하면서도 삶을 향해
끊임없이 맞서는 인간의 태도를 강조했어요. 인간이 실패와 부조
리를 직면할 때 비로소 자유와 성장의 기회가 열린다고 보았죠.
부족함을 인정하고 타인의 도움을 받는 것은 부끄러운 일이 아니
에요. 오히려 자기 자신을 정확하게 파악하고 성장할 수 있는 기
회예요. 진정한 강인함은 모든 것을 혼자 해내는 데서 나오는 게
아니라 함께해야 더 멀리 갈 수 있다는 사실을 받아들이는 데서
나와요.

물론 무조건 다른 사람에게 의존하라는 말은 아니
에요. 과도한 의존은 자신의 성장을 방해하고 다른 사람에게 부담
을 줄 수 있어요. 다만 다른 사람에게 기대는 일이 잘못된 것이 아

니라는 말을 하고 싶은 거예요. 다른 사람에게 의존하는 게 나약한 일이라는 생각에 갇혀 다른 사람의 도움을 통해 한 발 더 성장할 수 있는 기회를 놓치지 않도록요. 또한, 도움을 받았다면 감사의 마음을 표현하고, 나중에 도움을 요청한 다른 사람을 기꺼이 도와주면 좋겠죠.

자신감이란 무엇일까요? "나는 혼자서 뭐든지 할 수 있다.", "내 사전에 실패란 없다." 이런 대답도 풋풋하고 당차지만, 우리는 여기에 한 가지를 덧붙일 수 있어요. 진짜 자신감은 내가 혼자 다 하지 않아도 된다는 걸 아는 것이에요. 필요할 때 도움을 요청하고, 나 역시 누군가의 버팀목이 되어 주는 것. 그것이야말로 자립과 의존의 균형이자, 자신을 믿는 가장 성숙한 방법이에요.

분명 같은 언어를 사용하지만, 내가 하는 말을 남이 알아듣지 못하는 경험을 해 본 적이 있을 거예요. 이는 '나'라는 존재와 '타인'이라는 존재가 서로 온전히 연결되지 못한다는 점을 의미해요. 어떤 철학자들은 이러한 현상이 인간이 실존적으로 외로운 존재라는 것을 보여 준다고 말해요. 세상을 살아가는 '나'는 어쩌면 그 누구와도 진정으로 연결되지 못한 채 살아가고 있을지도 몰라요. 가끔 다른 사람과 생각이나 말이 일치한다고 느낄 때 왠지 모를 뿌듯함이 느껴지는 이유이기도 하죠. 우리가 외로운 존재라면, 다른 사람에게 기대고 의존하는 것이 그리 나쁜 일이 아닐 수도 있어요. 이때 의존한다는 것은 그저 상대방이 내 곁을 지켜 주길 바라는 마음이기만 할 때도 있죠. 그러므로 자립과 의존의 균형을 찾는 가운데 해야 할 일 중 하나는 내가 의존할 수 있는 대상을 찾는 일이에요. 여러분은 지금 누구에게 의존할 수 있겠다는 생각이 드나요?

# 5.

# 왜 뒷담화를
# 멈추지 못할까?

인류가 다른 동물과 구별되는 가장 큰 특징 중 하나는 '언어'를 사용할 수 있다는 점이죠. 우리는 하루에 약 16,000단어를 말한다고 해요. 언어는 단순한 의사소통 수단을 넘어, 인류의 진화를 이끈 핵심 도구죠. 초기 인류는 나무에서 내려와 사자, 독사 등 위험한 맹수가 많은 초원에서 살아남아야 했어요. 미어캣처럼 두 발로 서서 주변을 살피다 보니 손이 자유로워졌고, 이는 도구 사용으로 이어졌죠. 여기에 언어가 더해져 집단 사냥과 생존 전략이 가능해졌어요. 그리고 모닥불 옆에서 나눈 다른 사람의 이야기는 단순한 잡담이 아니라, 집단 결속을 다지고 규범을 형성하는 중요한 장치였어요.

뒷담화는 단순한 험담이 아니에요. 집단 내 규범을 강화하고 소속감을 형성하는 사회적 기능을 수행해요. 누가 신뢰할 만한지, 누가 규칙을 어겼는지에 대한 이야기를 나누며 집단 규범을 재확인하고 서로 유대감을 쌓는다는 거죠. 또 불만을 입 밖으로 내뱉으면서 스트레스를 해소하는 효과도 있어요. 친구와 집 가는 길에 다른 친구 이야기를 나누는 것도 같은 맥락이죠.

영국의 철학자 루트비히 비트겐슈타인은 '언어 게임' 개념을 제시했어요. 그는 언어의 의미가 사전에 고정된 정의에서 나오는 것이 아니라, 그것이 쓰이는 맥락과 규칙 속에서 형성된다고 보았어요. 그의 관점으로 보면, 뒷담화는 단순한 사실 전달이 아니라 특정한 사회적 맥락 속에서 서로의 관계를 조율하는 일종의 게임이에요. 그 대화를 통해 누군가와 거리를 좁히거나 어떤 사람과의 관계를 정리하는 사회적 행위를 함께하고 있는 것이죠.

하지만 이건 어디까지나 뒷담화하는 사람의 관점이죠. 반대로 그 말을 듣는 입장은 상처와 불쾌감을 느낄 수밖에 없어요. 게다가 뒷담화는 은밀하게 나눈다 해도, 결국 당사자의 귀에 들어가는 경우가 많아요. 뒷담화를 들킨 상황을 상상해 보세요. 생각만 해도 아찔하죠.

공자孔子 —— **자신이 당하고 싶지 않은 일을 남에게 하지 말라.**

최소한 당사자 앞에서도 할 수 있는 말만 하거나 그것이 불가능하다면 차라리 하지 않는 것이 나아요. 불만을 털어놓고 싶은 마음이 들 때는 에피쿠로스가 말한 말의 치유력도 잊지 말아야 해요. 에피쿠로스는 적절한 대화와 철학적 토론이 인간의 불안을 줄이고 정신의 평온을 가져온다고 했어요. 그에게 말은 정보 전달을 넘어 고통과 불안을 줄이고 마음을 치유하는 수단이었죠. 말은 분노나 불만을 완화할 수 있는 힘이 있지만, 그것은 상대방도 불편하지 않을 때, 또 건설적인 방식일 때만 해당돼요. 상대를 깎아내리는 대신 문제를 해결하려는 방향으로 대화를 이끌어야 해요.

마르틴 하이데거
Martin Heidegger

**언어는 존재의 집이다.**

독일의 철학자 마르틴 하이데거가 한 말이에요. 우리가 하는 말은 곧 우리의 세계관과 인격을 드러내요. 그러니 다른 사람의 이야기를 할 때는 내가 지나치게 감정에 치우치지는 않았는지, 혹은 사실을 과장하거나 왜곡하고 있지는 않은지 반드시 점검해야 해요. 말은 관계를 세우기도, 무너뜨리기도 하는 도구이니까요.

그 어떤 뒷담화보다도 상처가 되는 뒷담화는 아마도 믿었던 친구가 하는 뒷담화일 거예요. 단지 나에 관한 나쁜 말을 듣는 데 그치지 않고, 믿었던 친구와의 신뢰가 무너지는 결과가 나오기 때문이죠. 친구가 나에 관한 뒷담화를 함으로써 둘 사이의 관계를 훼손했다면, 그 훼손 사실에 대해 적절히 반응해야 해요. 왜냐하면 바로 그 순간부터 새로운 관계가 시작될 수 있기 때문이죠. 결국 누군가의 뒷담화를 하지 않는 것만큼이나 중요한 것은, 누군가의 뒷담화를 들었을 때 어떻게 반응해야 하는지예요. 여러분은 친구가 여러분의 뒷담화를 했다는 말을 듣는다면, 어떻게 반응할 건가요? 그 반응은 여러분과 친구 사이의 관계를 어떻게 만들까요?

## 6장

버스 안에서:
# 세상을 낯설게 보기

# 1.
# 증명하지 못하면
# 외계인은 없는 걸까?

"귀신이 있어요."

"외계인이 우리를 감시하고 있어요."

이런 주장을 들었을 때, 여러분은 어떻게 반응하나요? 대부분의 사람들은 증거가 있냐고 물어볼 거예요. 이것이 바로 '증명의 의무' 개념이에요. 법적 영역에서는 대개 주장하는 쪽이 증명의 의무를 갖게 돼요. 범죄 사건에서는 검사가 피고의 유죄를 증명해야 하고, 민사소송에서는 원고가 자신의 주장을 증명해야 해요. 철학이나 과학에서도 마찬가지예요. 어떤 것이 존재한다고 주장하는 쪽이 그 증거를 제시해야 해요. "귀신이 있어요."라고 주장하는 사람에게 귀신의 존재를 증명할 의무가 있는 거예요.

누가 증명의 의무를 지는가 못지않게 중요한 것이 어떻게 증명해야 증명의 의무를 다한 것인가예요. 이런 증명의 방식에 대해 중요한 철학적 접근이 하나 있어요. 바로 검증주의예요. 검증주의는 20세기 초 논리실증주의자들이 주장한 것으로, 어떤 명제가 의미를 가지려면 그것이 경험적으로 검증될 수 있어야 한다고 봐요. "이 방에 책상이 있어요."라는 문장은 우리가 직접 방을 확인함으로써 검증할 수 있어요. 하지만 "귀신이 존재해요."라는 주장은 어떻게 검증할 수 있을까요? 귀신을 본 적 있다고 하는 사람들도 있고, 본 적 없다고 하는 사람도 있죠. 하지만 귀신이 존재한다는 것에 대한 증거를 확보하기는 어려워요. 외계인도 마찬가지죠. 그래서 애초에 검증이 불가능하다고 여기는 거예요. 검증 가능성이 없는 문장은 과학적 의미를 가질 수 없다는 것이 검증주의의 입장이에요. 검증주의의 결론과 비슷한 생각에 도달한 철학자가 있어요. 바로 임마누엘 칸트예요. 칸트는 인간의 경험을 넘어서는 것, 즉 우리가 직접 볼 수도 느낄 수도 없는 대상에 대해서는 검증도 반증도 불가능하다고 보았어요. 왜냐하면 인간의 인식 능력 자체가 일정한 틀 안에서만 작동하기 때문이에요. 칸트에 따르면 우리는 시간과 공간이라는 직관 형식 속에서 세상을 지각하고, 인과성 같은 범주를 통해 일어나는 일을 이해한다고 해요. 다시 말해, 인간은 이미 특정한 '안경'을 쓰고 세계를 바라보는 셈이죠. 그래서 우리가 파악할 수 있는 것은 이 안경을 통과해 들어온 현상뿐이고, 그 바깥에 있을지도 모르는 것들은 알 수 없다고 했습니다.

이 관점에서 보면 우주의 기원이나 다른 차원의 세계처럼 초월적인 문제는 우리의 인식 능력을 넘어서는 것이 돼요. 우리는 1차원의 시간과 3차원의 공간 속에서 우주를 경험하지만, 그렇다고 해서 우주가 우리가 지각할 수 있는 4차원 시공간에만 존재한다고 할 수는 없어요. 우주 그 자체는 훨씬 더 많은 차원에서 존재하고 있을 수 있으니까요. 하지만 우리는 그것을 볼 수도 느낄 수도 없으니 있다고도, 없다고도 말할 수 없는 거예요. 그런 의미에서 귀신이나 외계 생명체의 존재 여부처럼 초자연적 혹은 초경험적 질문도 인간 지식의 한계를 넘어서는 일일 수 있어요.

이제 처음 질문으로 돌아가 볼게요. 귀신의 존재 증명 방법을 떠나서 "귀신이 없다는 것을 증명해 보세요."라는 요구는 논리적인 함정을 품고 있어요. 왜냐하면 '없음'을 완전하게 증명하는 것은 거의 불가능하기 때문이에요. 예를 들어, "이 방에 보이지 않는 용이 있어요."라는 주장을 생각해 보세요. 이 주장을 반박하려면 용이 없다는 것을 증명해야 해요. 하지만 보이지 않는 존재를 어떻게 찾을 수 있을까요? 방 구석구석을 살펴봐도 보이지 않는 존재는 찾을 수 없어요. 그렇다고 용이 없다고 단정할 수 있을까요? 주장하는 사람은 "보이지 않아서 발견 못 한 것뿐이에요."라고 반박할 수 있어요.

마찬가지로 귀신이나 외계인이 있다는 것을 증명하지 못했다고 해서 그것이 절대적으로 존재하지 않는다고 단정할 수는 없어요. "아직 발견되지 않았다."와 "절대 존재하지 않는다."는 서로 다른 주장이기 때문이에요. 증거 없이 무조건 믿는 것도 합리적이지 않아요. 가장 합리적인 태도는 열린 마음과 비판적 사고의 균형을 유지하는 거예요. 새로운 증거가 나타날 가능성에는 열려 있되, 제시된 증거를 비판적으로 평가하는 자세가 중요해요.

윌리엄 제임스
William James

**삶을 두려워하지 말라.**

**삶이 살 만한 가치가 있다고 믿어야 한다.**

**그러면 그 믿음이 삶의 가치를 창조하게 도와줄 것이다.**

미국의 철학자 윌리엄 제임스는 실용주의 관점에서 "그 믿음이 우리 삶에 어떤 실질적인 차이를 가져오는가?"를 중요하게 여겼어요. 귀신이나 외계인의 존재 여부보다 그런 믿음이 우리의 삶과 행동에 어떤 영향을 미치는지 생각해 보는 것도 의미 있는 접근일 수 있어요.

증명 불가능한 것들에 대한 우리의 태도는 철학적 관점, 개인적 경험, 문화적 배경 등 다양한 요소의 영향을 받아요. 중요한 것은 자신의 믿음을 검토하고, 삶의 가치를 찾는 자세가 아닐까요?

데이비드 흄은 경험적으로 검증되어야만 증명된 것이라는 생각을 강하게 주장했어요. 그는 그 주장과 함께 이 세상에 기적이란 존재하지 않는다고 이야기했어요. 그런데 이 주장이 생각보다 흥미로워요. 흄의 주장을 간단히 정리하면 다음과 같아요.

1) 기적이란 초자연적인 현상을 의미한다.
2) 초자연적인 현상은 자연적으로 관측되거나 경험될 수 없다.
3) 그렇다면 기적은 관측되거나 경험될 수 없다.
4) 그런데 관측되거나 경험될 수 없는 것은 그것의 존재를 증명할 수 없다.
5) 그러므로 기적은 존재하지 않는다.

어떤가요? 흄의 논증이 문제가 있어 보이나요? 만약 문제가 있어 보인다면, 어느 부분에 문제가 있다고 생각하나요?

## 2.

# 신은

# 존재할까?

프리드리히 니체  **신은 죽었다.**
Friedrich Nietzsche

프리드리히 니체는 이런 유명한 말을 남겼어요. 이 말은 단순히 신의 존재를 부정한 것이 아니라, 근대화와 과학의 발전으로 인해 신의 개념이 더 이상 우리 삶의 중심이 될 수 없게 되었다는 문화적 현상을 지적한 것이에요.

여러분은 신을 믿으시나요? 신의 존재에 관한 질문은 인류 역사상 가장 오래된 철학적 문제 중 하나예요. 역사적으로 신의 존재를 증명하려는 다양한 시도가 있었어요. 가장 유명한 논증 중 하나는 '존재론적 증명'이에요. 이탈리아의 철학자 안

셀무스가 제시한 이 논증은 '완전한 존재'의 개념에서 출발해요. 그는 신은 그보다 더 위대한 것을 생각할 수 없는 존재라고 정의하고, 이러한 존재는 반드시 현실에 존재해야 한다고 주장했어요. 왜냐하면 실제로 존재하는 것이 단지 생각 속에만 존재하는 것보다 더 완전하기 때문이에요.

신의 존재를 증명하는 방식 가운데 또 다른 유명한 논증이 '우주론적 증명'이에요. 이 논증은 우주가 저절로 존재할 수 없고, 반드시 어떤 궁극적 원인을 필요로 한다는 주장이지요. 이탈리아의 철학자 토마스 아퀴나스는 이런 생각을 바탕으로 신의 존재를 설명하기 위해 다섯 가지 길을 제시했는데, 그중 첫째인 제1원동자가 대표적인 우주론적 논증으로 꼽혀요.

제1원동자 논증은 모든 운동은 다른 것에 의해 일어나며, 이런 운동의 연쇄를 무한히 거슬러 올라갈 수는 없다는 점에서 스스로는 움직이지 않으면서 다른 모든 것을 움직이는 최초의 운동 원인, 즉 제1원동자가 있어야 한다는 거예요. 도미노로 비유하면 이해가 쉬워요. 도미노가 줄지어 서 있고, 하나가 쓰러지면 다음 도미노와 그 다음 도미노가 연쇄적으로 넘어가듯이, 모든 운동이나 변화는 다른 것에 의해 일어난다는 거예요. 만약 도미노가 무한히 이어져 있다고 가정하면, 도대체 어디서 이 연쇄가 시작됐는지를 설명할 수 없겠죠. 즉, 단순히 이 도미노는 앞 도미노 때문에 쓰러졌다는 설명만으로는 전체 연쇄를 이해할 수 없다는 거예요. 그래서 철학자들은 처음 도미노를 쓰러뜨린 원인, 최초의 존재가 필요하다고 생각했어요. 이 최초의 존재가 바로 제1원동자죠.

과학이 발전하면서 신의 존재에 대한 논의는 새로운 차원으로 확장됐어요. 영국의 진화생물학자 리처드 도킨스는 자연선택과 진화의 원리만으로도 복잡한 생명체의 발생을 설명할 수 있다고 주장했어요. 바로 '진화론'이죠. 그는 신이 필요 없는 자연주의적 세계관을 제시했죠. 자연주의란 세상을 설명할 때 신이나 초자연적인 힘을 끌어오지 않고, 눈에 보이고 경험할 수 있는 자연의 법칙만으로 설명하려는 태도를 말해요.

반면 일부 과학자들은 우주의 물리 법칙이 생명체가 존재할 수 있도록 미세하게 조정되어 있다는 '미세 조정 논증'을 제시하기도 해요. 우주의 물리법칙과 초기조건이 생명체가 존재하기 딱 알맞게 세밀하게 맞춰져 있다는 점에 주목해서, 이런 정교한 세팅이 우연히 만들어졌다고 보기 어렵기 때문에 신과 같은 누군가가 의도적으로 설계한 것일 수 있다는 거죠.

신의 존재 증명을 뛰어넘는 주장도 있었어요. 블레즈 파스칼은 신의 존재에 대한 독특한 논증을 제시했어요. '파스칼의 도박'으로 알려진 이 논증은 확률론적 접근을 취해요. 파스칼에 따르면, 신이 존재할 확률이 백만분의 일, 천만분의 일이라도 있다면 일단 믿는 것이 합리적이에요. 왜냐하면 신이 존재한다면 믿음으로 얻는 보상(신에 대한 믿음의 보상인 영원한 축복)은 무한하고, 신이 존재하지 않을 경우 잃는 것(신에 대한 믿음 때문에 포기한 현세의 즐거움)은 유한하기 때문이에요. 파스칼이 놓친 점은 이런 계산적 접근이 진정한 믿음이 될 수 없다는 거예요. 단순히 이득을 위한 믿음이 신에게 받아들여질 수 있을까요? 믿음은 복잡한 계산이 아니라 순수한 마음과 헌신이어야 하지 않을까요?

러시아의 소설가 도스토예프스키는 "만약 신이 없다면, 모든 것이 허용된다."라는 유명한 말을 남겼어요. 이것은 신이 도덕과 윤리의 궁극적인 심판자로서 필요하다는 주장이에요. 신이 없다면 선과 악의 구분, 도덕적 의무의 근원이 무엇인지 설명하기 어려워진다는 거예요. 이런 관점에서 신의 존재는 단순히 사실의 문제가 아니라, 인간의 도덕성과 삶의 의미에 관련된 깊은 문제가 돼요.

결국 신의 존재는 철학과 과학, 신앙의 영역을 오가며 다양한 방식으로 필요성이 입증되기도 하고 반대로 지워지기도 해요. 중요한 건 신이 객관적으로 존재하는가의 여부보다 그 믿음이 인간의 삶에 어떤 의미와 가치를 부여하는지 그리고 어떤 삶으로 이끄는지에 대한 물음일지도 몰라요. 신에 대한 믿음이 우리를 더 나은 인간으로 만들고, 타인과 세계에 대한 사랑과 책임감을 키우는 데 도움이 된다면, 그것은 그 자체로 가치 있는 것이 아닐까요? 결국, 신의 존재 여부는 각자의 내면에서 답을 찾아야 해요. 그것은 지식이나 증명의 문제가 아닌, 믿음의 영역일 수 있으니까요.

　　　　　종교적 신앙을 바라보는 두 가지 대립적인 관점이 존재해요. 하나는 합리주의이고, 다른 하나는 비합리주의적 신앙주의예요. 합리주의는 종교적 교리와 믿음이 합리적으로 설명되어야 한다고 주장해요. 반면, 비합리주의적 신앙주의는 종교적 교리와 믿음이 합리적으로 설명되어야 한다는 주장에 반대하죠. 오히려 합리적으로 설명될 수 있다면, 그건 종교적 신앙에 가깝지 않다는 거예요. 물을 포도주로 바꾸었다는 기적을 믿는다고 가정해 보죠. 합리주의자는 물의 원자 구조가 포도주로 바뀔 수는 없기 때문에 그런 기적을 비유적으로 이해해야 한다고 보는 거예요. 반면 비합리주의적 신앙주의자는 인간의 유한한 합리성을 토대로 기적을 설명하려 하지 말라고 답하겠죠. 여러분은 이에 대해 어떤 생각이 드나요? 신과 종교는 합리적으로 설명될 수 있나요? 혹은 설명되어야 하나요?

# 3.

# 다수를 위한 소수의 희생은
# 당연한 걸까?

학교에서 같은 반 친구들의 의견이 다를 때 투표를 하고 다수결의 원칙에 따르죠. 다수결은 민주주의 기본 원칙 중 하나지만, 그것이 언제나 옳은 결정 방식인지에 대해서는 깊이 생각해 볼 필요가 있어요. 다수결 원칙에는 늘 소수의 의견은 무시하냐는 꼬리표가 붙어요. 우리가 흔히 생각하는 다수결은 과반수의 찬성으로 결정하는 방식이지만, 이것이 항상 가장 민주적인 방식일까요?

존 스튜어트 밀
John Stuart Mill

**99명이 찬성하는데 1명이 반대하는 경우,
1명의 목소리는 반드시 들어야 한다.**

영국의 철학자 존 스튜어트 밀은 『자유론(On Liberty)』에서 소수의 의견이 억압될 때 사회 전체의 발전이 저해된다고 했어요. 이는 다수결이 이루어지기 전에 소수의 의견을 충분히 듣고 고려하는 과정이 필수적이라는 것을 강조한 말이에요. 밀은 그 한 명의 반대 의견이 맞을 경우 우리는 진리를 놓치게 될 것이고, 그 의견이 틀렸더라도 우리가 옳다는 것을 재확인할 수 있는 기회가 된다고 보았어요. 따라서 어떤 경우든 소수의 의견을 경청하는 것은 중요해요. 우리 헌법에서도 다수결 원칙을 기본으로 하지만, 소수자 인권 보장과 표현의 자유를 중요한 가치로 규정하고 있죠. 진정한 자유 민주주의는 단순히 다수가 결정하는 것이 아니라, 자유로운 토론을 통해 모든 의견이 존중받은 후에 다수결로 결정하는 것이에요.

학교 학생회장 선거를 예로 들어서 설명해 볼게요. 대부분의 학교에서는 후보자들이 공약을 발표하고, 학생들이 투표하여 과반수 이상의 표를 얻은 후보가 당선되는 방식을 채택하고 있어요. 고등학교에서 학생회장 선거가 열렸어요. 후보는 세 명이었고, 1,000명의 학생 중 민준이 480표, 서연이 420표, 지호가 100표를 받았어요. 과반수를 넘는 후보가 없어서 상위 두 명인 민준과 서연으로 결선투표를 진행하기로 했어요. 결선투표 전날, 학교 강당에서 토론회가 열렸어요. 이 자리에서 탈락한 후보,

즉 소수자인 지호가 중요한 의견을 제시했어요.

"민준이의 공약 중 학교 앞 카페에 학생 전용 공간을 만들겠다는 것은 현실적으로 불가능해요. 제가 그 카페 주인과 직접 이야기해 봤는데, 이미 거절했거든요. 그리고 서연이의 공약 중 학생 자유 복장의 날을 매달 운영하는 것은 학교 규정상 허용되지 않는다고 교무 부장 선생님께서 말씀하셨어요."

지호의 발언을 계기로, 학생들 사이에서 활발한 토론이 이어졌어요. 민준과 서연도 각자의 공약에 대해 소수자의 의견을 반영해 수정하고, 실현 가능한 대안을 제시했어요. 결선투표 결과, 서연이 600표를 얻어 학생회장으로 선출되었어요. 이 사례는 다수결 자체보다 의견을 나누고 검증하는 과정이 얼마나 중요한지를 보여 줘요. 소수의 의견이 전체 결정을 더 나은 방향으로 이끌 수 있다는 사실을 확인할 수 있죠. 단순히 표를 많이 얻은 후보가 당선되는 것을 넘어, 모든 학생의 의견이 존중 받고 학교 전체의 이익을 위한 결정이 이루어질 수 있도록 하는 과정이 중요해요.

다수결 원칙에서 중요한 문제는 영원한 소수가 존재한다는 점이에요. 이들은 구조적으로 항상 소수의 위치에 놓여 있어서, 다수결만으로는 그들의 권리를 보호하긴 어려워요. 예를 하나 들어 볼게요. A와 B도시 중 어디에 핵폐기물 처리장을 건설

할지를 두 도시 사람들의 투표로 결정하려고 해요. 그런데 A도시의 인구는 100만 명인데 B도시의 인구는 10만 명이에요. 이 경우에 어느 도시에 핵폐기물 처리장이 건설될까요? 이 사례에서는 주거지역 인구의 심각한 불균형 때문에 소수자가 된 사람들이 다수결로 그들의 인권을 보장 받지 못하는 걸 보여 줘요. 소수민족과 소수 언어를 사용하는 사람들, 그리고 피부 색깔이 다른 사람들은 영원한 소수가 될 수 있어요. 그래서 현대 민주주의에서는 헌법과 법률을 통해 소수자의 기본권을 보장하고, 이를 다수결로도 침해할 수 없도록 하고 있어요. 이는 다수결을 넘어선 민주주의의 중요한 원칙이에요.

다수결은 민주주의의 중요한 도구이지만, 그 자체가 목적이 되어서는 안 돼요. 진정한 민주주의는 모든 구성원의 존엄성과 권리를 존중하며, 소수자의 목소리도 경청하는 포용적인 정치 문화를 필요로 해요.

국제적인 교류가 많아지고 지구촌 사회가 실현되어 가는 현대사회에서, 소수자를 어떻게 대우해야 하는지는 매우 중요한 문제 중 하나예요. 그중에서도 소수자와의 의사소통 문제를 빼놓을 수 없어요. 다수의 한국인 학생이 다니는 한 교실에 한 명의 외국인 학생이 전학을 왔다고 가정해 보죠. 이 외국인 학생은 아직 한국말이 서툴러요. 그럼 이제 이 교실에서 집단적 의사결정이 이뤄질 때, 외국인 학생의 의사는 어떻게 파악해야 할까요? 소수의 의견을 듣는다는 것은 단지 그 소수자의 발언 기회를 보장해 주는 데 그치지 않아요. 소수자의 의사가 다수에게 전달될 수 있는 통로와 수단을 적절히 마련하는 것까지 포함하죠. 그럼 여러분은 언어적 의사소통의 한계가 있는 소수자의 의사를 어떻게 들을 것인가요? 혹은 반대로 여러분이 다수의 언어를 배우지 못한 소수자라면, 다수에게 어떻게 자신의 의사를 전달할 것인가요?

# 4.

# 죽음을 두려워하지 않는
# 사람도 있을까?

가까운 사람이나 뉴스에서 보도되는 모르는 사람들의 죽음 소식을 듣는 게 버겁고 무서운 사람이 있어요. 가족과 친구가 아프면 어떡하지? 나를 두고 떠나면 어쩌지? 생각이 꼬리에 꼬리를 물고 이어져 꿈에서도 똑같은 고민에 골머리를 앓는 경우도 있어요. 다른 사람들도 죽음을 무서워할까요? 미국의 32대 대통령 프랭클린 루스벨트는 1933년 취임 연설에서 대공황에 고통받고 두려워하는 국민들에게 용기를 주고자 이런 말을 남겼어요.

"우리가 두려워해야 할 유일한 것은 두려움 그 자체다."

죽음보다 더 무서운 것이 무엇일까요? 아픈 것? 지루함? 절망? 아니에요. 죽음에 대한 공포가 죽음 자체보다 더 무서워요. 이를 잘 보여 주는 사례가 있어요. 어느 농장에서 600마리의 닭이 한꺼번에 압사한 사건이 있었어요. 농장주는 새벽에 닭장에 가 보니 수백 마리의 닭이 죽어 있는 끔찍한 광경을 목격했어요. 조사해 보니 그날 밤 수리부엉이 한 마리가 닭장에 들어왔던 거예요. 닭들은 수리부엉이를 보고 극도로 놀라 서로 밀치며 도망치다가 압사했어요. 실제로 수리부엉이가 공격한 닭은 딱 한 마리였지만, 600마리나 되는 닭이 공포 때문에 죽었어요. 닭들을 죽인 것은 수리부엉이가 아니라 수리부엉이에 대한 두려움이었던 거예요.

우리 인간도 비슷해요. 아직 일어나지 않은 일에 대해 두려움을 느끼며 살아가는 경우가 많아요. 예를 들어, 발표를 앞둔 학생은 실제 발표 순간보다 발표를 준비하는 동안 더 큰 두려움을 느껴요. '만약 내가 실수하면 어떡하지? 만약 모두가 날 비웃으면 어떡하지?'라는 생각이 머릿속을 맴돌죠. 우리가 걱정하는 일의 대부분은 실제로 일어나지 않는다고 해요. 실제로 일어나도 우리가 예상했던 것보다 훨씬 덜 심각하게 끝나고요. 결국 우리는 일어나지 않을 일들에 대한 두려움으로 현재의 행복을 놓치고 있는 셈이에요. 에피쿠로스는 말했어요.

에피쿠로스
Epicouros

**죽음이 존재할 때 우리는 존재하지 않고,**

**우리가 존재할 때 죽음은 존재하지 않는다.**

**따라서 죽음은 우리에게 아무것도 아니다.**

우리가 살아 있는 동안에는 죽음을 경험할 수 없고, 죽음이 오면 우리는 더 이상 경험할 수 없으니, 죽음을 두려워할 이유가 없다는 거예요. 이런 논리적인 설명에도 불구하고, 대부분의 사람들은 여전히 죽음을 두려워해요. 왜 그럴까요? 아마도 죽음 이후의 불확실성, 사랑하는 사람들과의 이별, 고통스러운 죽음의 과정에 대한 두려움 때문일 거예요. 혹은 더 이상 나는 존재하지 않는다는 것, 그래서 그 어떤 가능성도 나에게는 더 이상 허락되지 않는다는 암담함 때문일 수도 있어요. 그렇다면 정말로 죽음이 무섭지 않은 사람도 있을까요? 어쩌면 죽음에 대한 두려움은 정도의 차이가 있을 뿐, 모든 인간이 공통적으로 가지고 있는 감정일지도 모르겠어요. 중요한 것은 그 두려움에 어떻게 대처하느냐죠.

동양의 많은 철학과 종교에서는 죽음을 삶의 연장선상으로 보아요. 삶과 죽음은 동전의 양면 같은 것이라고 여기죠. 도교에서는 죽음을 '귀근(歸根)', 즉 뿌리로 돌아감이라고 표현해요. 불교에서는 죽음을 또 다른 삶으로 가는 과정으로 보고,

죽음에 대한 명상(사띠)을 통해 오히려 더 충만한 삶을 살 수 있다고 가르쳐요. 현대 심리학자들도 죽음에 대한 인식이 우리의 삶에 긍정적인 영향을 미칠 수 있다고 말해요. '메멘토 모리(Memento Mori)'라는 라틴어 표현은 '자신이 반드시 죽는다는 것을 기억하라.'는 뜻인데, 이러한 자각이 오히려 우리의 삶을 더 의미 있게 만들 수 있다는 거예요.

우리는 삶에서 많은 것들을 통제할 수 없어요. 특히 죽음은 누구도 피할 수 없죠. 우리가 통제할 수 있는 것은 죽음을 대하는 우리의 태도예요. 여러분은 죽음을 두려워하며 살 건가요? 아니면 죽음을 삶의 일부로 받아들이고 지금 이 순간을 더 소중히 여기며 살 건가요?

삶과 죽음은 둘이 아니에요. 모든 존재가 끊임없이 변화하는 하나의 흐름 속에 있기 때문이에요. 우리의 몸을 구성하는 원자들은 별에서 왔고, 우리가 죽으면 다시 자연으로 돌아가 다른 생명의 일부가 돼요. 이런 관점에서 보면, 죽음은 끝이 아니라 또 다른 형태로의 변화일 뿐이에요.

누군가에게는 죽음이라는 미래가 너무 막연할 수도 있어요. 우리는 현재를 잘 살아가고 있으니까요. 마르틴 하이데거는 인간이 죽음을 향해 가는 존재라고 말을 남겼어요. 우리는 어쩌면 살아가고 있는 게 아니라 죽어 가고 있는 걸지도 모른다는 거예요. 사람들은 종종 1시간 후에 지구가 멸망한다면 무슨 일을 하겠느냐는 질문을 해요. 이는 죽음이 코앞에 있다는 생각이 깔린 질문이에요. 반대로, 죽음을 너무 먼 미래라고만 생각하고 제쳐 둔다면, 삶에서 풀어 나가야 하는 중요한 과제 중 하나를 미뤄 두고 있는 걸지도 몰라요. 이 책을 읽는 동안만이라도 한번 상상해 보면 어떨까요? 1시간 후에 지구가 멸망한다면, 무슨 일을 하실 건가요? 왜 그 일을 하겠다고 생각했나요? 다시 지구가 멸망하지 않는다는 것을 알게 되면, 그 일을 멈출 건가요?

# 5.

# 기술이 발전하면
# 인간도 더 똑똑해질까?

어느 날 친구랑 통화를 하는데 친구가 이런 말을 했어요. "기계는 똑똑해졌는데 오히려 인간은 멍청해지는 것 같아." 핸드폰이 없던 어린 시절에는 각자의 집 전화번호를 외우고 다녔는데 이제는 핸드폰에 모두 저장하고 쓰니 전화번호가 하나도 기억이 안 나더라는 거예요. 기술이 발전하면서 우리 삶은 굉장히 편리해졌어요. 하지만 동시에 기억하고 사고하는 능력을 잃어 가는 건 아닐까요? 마르틴 하이데거는 이 복잡한 관계를 경고했어요.

마르틴 하이데거
Martin Heidegger

**기술은 우리를 비인간화할 위험이 있다.**

　　하이데거는 기술이 중심이 된 사회에서는 인간마저 기계처럼 수단으로 평가될 위험이 있다고 했어요. 인간은 더 이상 고유한 존재가 아니라 효율성과 생산성을 따져야 하는 도구가 되어 버릴 수 있다는 거죠. 스마트폰 같은 기술에 의존하며 사람과 사람 사이의 대화, 감정 교류, 공감을 줄이면 인간다움이 사라질 수 있다고 경고했어요. 또 우리가 기술에 의존할수록 우리는 우리의 고유한 사고 능력을 상실할 수 있다고 했어요.

　　스마트폰 메신저 앱이 한 시간만 먹통이 되어도 우리는 큰 불편함을 느끼죠. 만약 핸드폰 데이터가 안 터진다고 상상해 봐요. 연락할 때 불편한 것은 물론이고, 인터넷이 안 되니 정보를 찾을 수도 없죠. 쇼츠나 릴스도 볼 수 없으니 무료한 시간을 보내야 할지도 몰라요.

　　지금은 스마트폰으로 언제 어디서든 검색이 가능하지만, 스마트폰이 나오기 전에는 컴퓨터로 정보를 찾았어요. 컴퓨터가 나오기 전에는 사전이나 책에서 정보를 얻었죠. 사전이나 책을 매번 들고 다닐 수 없어 정보를 외워야 했어요. 많이 기억하고 외우는 게 당연했던 시대였죠. 기술이 우리의 인지 부담을 덜어 주는 것은 사실이지만, 동시에 우리의 정신 근육을 약하게 만들기도 해요. 마치 육체적 운동 없이 살면 근육이 약해지듯이, 정신적 자극 없이 살면 두뇌도 약해져요. 기술에 의존하면 할수록 우리는 기술의 노예가 되는 걸까요?

그렇다고 우리가 다시 기술이 없던 시절로 돌아갈 수는 없어요. 대신 기술에 지배당하지 않도록 노력해야죠. 때때로 스마트폰을 끄고 시간을 보내 보는 거예요. 가까운 공원으로 산책을 나갈 수도 있고, 책을 읽을 수도 있죠. 복잡한 계산을 스마트폰 계산기 없이 해 볼 수도 있고요. 이런 과정을 통해 우리의 인지능력을 유지하고 강화하자는 거예요.

기술이 인류에게 가져다준 혜택도 분명해요. 스마트폰 하나로 지구 반대편 사람과 실시간으로 소통할 수 있고, 산속에서도 정보를 검색할 수 있죠. 나아가 의학 기술은 질병을 치료하는 것에 도움을 줬고, 인공지능 기술은 자동차가 스스로 운전을 하는 수준에 이르렀어요. 그러나 이러한 혜택 이면에 어떤 대가가 있는지 고민해야 해요.

스마트폰으로 보는 짧은 영상들은 우리의 집중력을 저하시켜, 2시간짜리 영화 대신 30분짜리 요약 영상을 보도록 만들었어요. 심지어 이제는 노래도 3분이 채 안 되는 길이가 되었어요. 또 사람들의 관심이 지상파에서 OTT, 유튜브로 넘어오면서 욕설이 난무하고, 폭력성과 수위가 높은 영상을 어린아이가 접할 수 있게 되었어요. 정제되지 않은 정보를 접하게 된 거예요. 그만큼 스스로가 의식적으로 기술을 절제해서 사용하는 게 중요해진 거죠.

우리는 끊임없이 더 많은 기술을 추구하고 발전시키고 있어요. 하지만 정작 그 기술에서 초래되는 문제들을 극복하려는 노력은 부족하죠.

기술은 도구일 뿐이에요. 우리가 그것을 어떻게 사용하느냐가 중요해요. 인문학의 지혜는 기술을 올바르게 사용하는 데 길잡이가 돼요. 플라톤, 아리스토텔레스, 공자, 그리고 다른 고전 사상가들의 가르침은 여전히 현대 기술 사용에 적용될 수 있어요. 인문학은 이 시대를 사는 우리에게 말하죠. 기술을 사용할 자유만큼, 그것을 절제할 지혜가 필요하다고요.

　　　　　　　기술의 미래를 바라보는 철학자들의 시각은 다양해요. 그중에서도 흥미로운 시각 중 하나는 기술을 단지 도구가 아닌, 내 신체의 일부로 이해할 수도 있다는 거예요. 예컨대 안경을 떠올려 볼까요. 안경을 쓰는 사람은 안경을 벗는 순간 눈앞이 흐려지는 경험을 하게 되죠. 만약 안경이 없다면, 그 사람은 차를 운전할 수 없을 거예요. 버스 번호판을 볼 수 없어서 대중교통을 타는 것도 불편할지도 모르죠. 이 안경의 예시가 시사하는 바는, 어떤 기술은 그 기술을 사용하는 사람의 활동 범위를 좌우하기도 한다는 거예요. 기술이 단지 도구라면, 그 도구가 없어도 우리는 목표를 성취할 수 있을 거예요. 하지만 안경은 우리가 성취할 수 있는 목표를 바꿔 버리죠. 기술은 어느새 우리의 일상생활에 깊숙이 침투해 버렸어요. 따라서 기술을 사용하는 데 더 많은 주의가 필요해요. 만약 스마트폰이 어느 날 갑자기 이 세상에서 사라진다면, 여러분은 어떤 불편을 가장 크게 느낄 것 같은가요? 그 불편은 오직 스마트폰으로만 해소될 수 있는 것인가요?

필요할 때 꺼내 쓰는

# 최소한의
# 철학지식

초판 1쇄 발행  2025년 12월 24일

지은이 김형철

펴낸이 김남전
편집장 유다형 | 기획·편집 이경은 김성윤 김선경 | 디자인 양란희
마케팅 정상원 한웅 정용민 김건우 | 경영관리 김경미

펴낸곳 ㈜가나문화콘텐츠 | 출판 등록 2002년 2월 15일 제10-2308호
주소 경기도 고양시 덕양구 호원길 3-2
전화 02-717-5494(편집부) 02-332-7755(관리부) | 팩스 02-324-9944
홈페이지 ganapub.com | 인스타그램 instagram.com/ganapub1
페이스북 facebook.com/ganapub1

ISBN 979-11-6809-227-3 (03100)




가나출판사는 당신의 소중한 투고 원고를 기다립니다. 책 출간에 대한 기획이나 원고가 있으신 분은 이메일 ganapub@naver.com으로 보내 주세요.